SHIGOTO NI TSUKAERU DESCARTES SHIKO

Copyright © 2020 by Takashi SAITO

First original Japanese edition published by PHP Institute, Inc., Japan.

Korean translation rights arranged with PHP Institute, Inc.

through Tony International.

데카르트가
21세기의 회사원이었다면?

초판 1쇄 발행   2020년 11월 17일

지은이   사이토 다카시
옮긴이   하진수
출판기획   마인더브
등록   2018년 3월 27일 (제307-2018-15호)
펴낸곳   경원북스
주소   서울시 광진구 아차산로 375(B1, 105호)
전화   02-2285-3999
팩스   02-6442-0645
인쇄   두경M&P
이메일   kyoungwonbooks@gmail.com

ISBN 979-11-89953-11-9 (03190)
정가 13,000원

잘못된 책은 본사나 구입하신 서점에서 교환해 드립니다.

이 도서의 국립중앙도서관 출판예정도서목록(CIP)은 서지정보유통지원시스템 홈페이지(http://seoji.nl.go.kr)와 국가자료공동목록시스템(http://www.nl.go.kr/kolisnet)에서 이용하실 수 있습니다.(CIP제어번호: CIP2020039153)

데카르트가 21세기의 회사원이었다면?

데카르트가 21세기의 회사원이었다면?

데카르트 사고법을 비즈니스 현장에서 활용해보자는 것이 이 책의 핵심 메시지다. 르네 데카르트(1596~1650)는 약 400년 전에 태어난 프랑스 철학자다. 오늘날의 비즈니스 종사자에게 철학자의 사상이 무슨 도움이 될까 싶지만, 데카르트의 저서에는 '데카르트가 이런 말도 했다고?!' 하고 깜짝 놀랄 만큼 비즈니스 현장에서 활용 가능한 사고법이 많다.

"나는 생각한다, 고로 존재한다."라는 명제에서 알 수 있듯이 데카르트는 자아의 존재를 선언했다. 그 이후 이성을 중심으로 한 명석한 사고법이 세상 전체의 주류가 되었다. 모든 일을 냉정하게 파악하고 자기 자신의 의식을 확실히 유지하며 판단해나가는 게 데카르트 사고법이다.

데카르트가 지향하던 이성 중심 사고 흐름은 AI(인공지능)가 등장한 오늘날까지 가속화되었다. 앞으로의 시대에도 빠른 속도로 착착 냉정하게 판단하는 능력은 중요하다. 이때 무기가 되는 것이 '이성적인 사고'다. 데카르트는 이성적인 사고를 소리 높여 주장한 인물이다.

현대 비즈니스 사회는 저마다 정확하고 신속하며 값싼 서비스를 바란다. 업무 현장에서는 어려운 상황도 종종 일어나기 마련이다. 발생하는 문제와 해결 과정에서 오는 스트레스에 어떻게 대처하느냐도 중요하다. 정신 건강을 유지하면서 생산성을 향상시키는 것은 쉽지 않지만, 데카르트 사고를 활용하면 불가능한 것도 아니다.

실제로 내 친구나 지인을 봐도 비즈니스 현장에서 크고 작은 문제가 매일같이 발생했는데 이성적인 사고법으로 대처하자 혼란 없이 척척 해결되었다. 문제 해결에 성공한 사람들은 모두 예외 없이 이성적인 사고능력이 뛰어났다. 합리적으로 생각하는 데다 사람의 기색을 잘 파악하고 자신의 감정을 확실히 컨트롤하면서 신속하고 적절하게 업무 판단을 내린다. 의식적으로 데카르트 사고를 한 것은 아니지만, 결과적으로 보았을 때 데카르트 사고를 하고 있었다.

현대 사회에서 성희롱이나 상사의 괴롭힘 등 직장 내 트러블이 발생했을 때 가해자는 대중으로부터 지탄을 받는다. 1990년대에는 통했던 '농담'도 지금은 전혀 통하지 않는다. 이성적인 사고가 몸에 뱄다면 애초에 직장 내 괴롭힘이 일어날 일도 없으리라.

'데카르트 철학 같은 건 나와 관계없다'라고 생각하는 사람도 있을 텐데, 그런 사람에게 특히 이 책을 권하고 싶다. '데카르트가 말한 내용이 오늘날에 상당히 먹히네?', '평범한 것을 말하는 것 같은데 그 평범한 것이 사실 아주 중요한 것이구나' 하고 느낄 것이다.

비즈니스 상황뿐만 아니라 개인적인 일상에서도 데카르트가 주장하는 이성적인 사고를 익혀 능숙하게 활용하면 마음이 더욱 느긋해질 것이다. 데카르트는 이른바 사고의 달인이다. 이 책을 통해 데카르트의 사고법을 익히고 일상에서 실천해보길 바란다. 데카르트 사고를 실제로 활용할 것을 염두에 두고 이 책을 읽으면 좋겠다.

사이토 다카시

차례

2장 | 데카르트 사고로 '생각하는 나'를 만든다

이성적 사고력은 비스니스에 유용하다

5장 | 감정 조절능력을 키우는 사고법
'놀람'을 이용하고 '증오'를 멀리하라

1장

현대 비즈니스 현장에 유용한
데카르트 철학

400년간 이어져온 '사고의 비법서'

데카르트를 모르다니, 안타까운 일이다

데카르트를 아느냐고 누군가가 묻는다면 어떻게 대답할 것 같은가? "음, 고등학교 때 배웠던 것 같은데….", "유럽 철학자 아닌가?", "데카르트라면 역시 '나는 생각한다, 고로 존재한다'라는 말이 유명하지!", "『방법서설』의 저자가 데카르트일걸?" 등 학창시절 배운 내용을 어렴풋이 떠올리는 사람이 대부분이리라.

철학 전공이 아닌 이상 보통의 현대인은 데카르트에 대해 '이 정도'만 알고 있다. '이 정도'의 지식만 있는 게 당연하다. 삶의 가르침을 구하고자 철학을 접한 게 아니기 때문이다. 입시 준비를 위해 처음 만난 데다 그나마도 수능이 끝나고, 대학을 졸업하면 교양으로서의 철학과도 담을 쌓게 된다. 먹고사느라 하루하루 바빠서 철학을 깊이 마주할 기회가 별로 없기 마련이다.

바쁜 일상에 치여 철학과 멀어지고, 특히 데카르트를 모른 채로 살아가는 사람이 많은 게 참 안타깝다. 데카르트의 가르침에는 현대 비즈니스 종사자에게 유용한 내용이 아주 많기 때문이다. 데카르트처럼 생각하고 행동하면 업무능력도 향상되고 인간관계도 잘 풀려서 회사생활에 실패할 일이 없다.

고리타분할 것만 같고 딱딱할 것만 같은 철학이 도대체 오늘날 회사원에게 어떻게 유용하다는 것일까? 하나만 예를 들어보자면, SNS 문구 작성이 있다. 불확실한 소문에 근거한 정보나 고객의 개인정보 등을 SNS에 게시한 회사원이 뒤늦게 발각되어 사회적으로 문제가 되는 경우가 종종 있다. 데카르트 사고를 배우면 그런 문구를 작성할 일이 없다. 애초에 그런 식으로 생각하지 않기 때문이다. 주의를 기울여 편견을 피하는 방법을 알려주고 회의감이 일절 없는지를 근거로 판단하라고 권하기 때문이다. 데카르트 사고법을 알고 실천하면 SNS에 불필요한 것을 적어 누군가에게 폐를 끼치는 일이나 자기 자신이나 회사가 궁지에 처할 만한 일을 저지르지 않을 것이다.

이제 불안과 후회에서 벗어날 수 있다

앞에서도 말했지만, 철학 전공이 아닌 이상 보통의 현대인은 데카르트에 대해 "나는 생각한다. 고로 존재한다."라는 말을 한 사람 정도의 상식만 있다. 2장부터는 데카르트 사고법을 본격적으로 다룰 텐데, 그전에 데카르트에 대해 간단히 소개해보겠다.

르네 데카르트는 프랑스에서 태어난 철학자이자 수학자다. 1596년에 태어나 1650년에 사망했으니 일본으로 말하면 아즈치모모야마 시대부터 에도 시대 초기(한국으로 말하면 조선시대 제14대 임금 선조부터 제16대 인조가 재위하던 시기-역주)에 활동한 인물이다.

'세계라는 거대한 기록물'로부터 배움을 얻고자 각지를 널리 돌아다녔다고도 알려져 있으며, '근대 합리론의 아버지', '근대 철학의 아버지'라고도 불린다. 정신과 물체가 독립된 존재라는 입장을 취하는데 이를 심신이원론(물심이원론)이라고 한다. 이 사상은 그리 간단한 내용이 아니므로 2장에서 다시 언급하겠다.

데카르트는 '이성의 힘'이 중요하다고 강조했다. 예를 들어 어떤 문제가 발생했을 때 당황하지 않고 적절하게 대처할 수 있으려면 이성의 힘이 중요하다. 발생한 문제를 차분히 하나하나 열거하고 정리해서 하나씩 순서대로 해결해나간다. 이때 이성이 힘을 발휘해야 한다.

이성적인 사람은 멘탈도 강하다. 냉정하게 판단할 수 있어서

패닉 상태에 빠지지 않는다. 자신의 고민도 하나씩 해결해나갈 힘을 가지고 있다.

예를 들어 회사에 가는 게 싫어졌다고 해보자. 이성의 힘이 약한 사람은 이런 식으로 생각하기 십상이다. '무엇 때문인지 알 수 없지만 어쨌든 회사에 가고 싶지 않아. 그냥 관두고 싶어. 관두고 난 다음의 일은 전혀 신경도 쓰고 싶지 않아.' 그러면 얼마 안 가 정신적으로 지쳐버릴 가능성이 높다.

한편 이성의 힘이 강한 사람은 회사에 가는 게 싫어졌을 때 아주 다른 대처법을 취한다. '내가 지금 회사에 가고 싶지 않은 이유를 생각해보자. 첫째, 상사인 김 과장과의 인간관계가 좋지 않아서야. 둘째, 지금의 부서 업무가 그다지 재미없어서야. 그렇다면 우선 김 과장을 대하는 방식을 바꿔보자. 일부러 밝고 활기차게 인사하고 말을 걸어보자. 하지만 의견은 기탄없이 말하자. 그 다음에 업무에 재미를 붙일 수 있도록 관련 있는 책을 읽고, 동료인 강 대리와 최 대리와 술 한잔하면서 허심탄회하게 이야기해보자.' 이런 식으로 생각할 수 있다. 그러면 멘탈이 붕괴되는 사태도 피할 수 있으리라.

데카르트는 저서 『방법서설』에서 "나는 여행을 떠나 사고의 실험을 하고 어느 경지에 올랐다. 그래서 불안과 후회로부터 평생 벗어날 수 있었다."라고 했다. 불안과 후회에서 평생 벗어날 수 있었다니 엄청난 경지다. 미래에 대한 불안도 과거에 대한 후회

데카르트가 21세기의 회사원이었다면?

도 일절 없다는 말이 아닌가.

이는 데카르트라서 도달할 수 있는 경지라고 볼 수 있는데, 그는 그 경지에 다다를 수 있던 이유나 방법도 자신의 저서에 자세히 서술하고 있다. 그 저서가 바로 『방법서설』이다. 이 책을 음미하고 실천하면 오늘날을 살아가는 우리도 불안과 후회로부터 벗어날 수 있지 않을까.

서양의 철학자와 동양의 검객이 중시한 세 가지

데카르트는 약 400년 전에 활약한 인물이다. 거의 동시기에 활약한 일본 철학자로 미야모토 무사시(검객이자 철학자. 일본의 수많은 검객 중에서도 단연 첫손에 꼽는 인기를 누리는 국민적 영웅으로 일본에서는 검성으로 불리며 추앙받고 있음-역주)가 있다. 이 두 사람은 상당히 닮았다. '서양의 데카르트, 동양의 무사시'라고 할 만큼 말이다.

무사시와 데카르트는 '무사' 같다 검객이었던 무사시는 당연하지만 데카르트가 무사 같다니 무슨 말인가 싶을 텐데, 두 사람 모두 망설임이 없다. 손자의 『논어』에는 '마흔이 되어 망설이지 않고'라는 말이 나오는데, 비즈니스 종사자뿐 아니라 현대인은 마흔, 쉰, 예순이 되어도 망설이는 사람이 많은 듯하다. 그러나 데카르트와 무사시는 생각과 실천에 의혹이나 망설임이 없다. 생각이 상당히 명확하고 모든 것을 내다보았다.

예를 들어 무사시는 저서 『독행도』에서 "내게 있어 후회하지 않으며"라고 했다. 『오륜서』에는 "그저 베기만 하면 된다." 같은 기술도 있다. "꼼꼼히 음미해야 하고 꼼꼼히 궁리해야 하고 꼼꼼히 단련해야 한다." 이런 말도 『오륜서』에 종종 등장한다.

'음미', '궁리', '단련'은 솔직히 쉽게 행하기 어려운 일이다. 말로는 '음미하겠다', '궁리해보겠다'라고 말하는 사람이 적지 않은데, 업무상의 모든 항목마다 정말 음미(내용이나 품질 등을 염두에 두고 조사하는 것)하거나 궁리(다각도로 생각하고 보다 좋은 방법을 찾는 것)하는 사람이 어느 정도나 될까? 결코 많지 않을 것이다. '단련'도 쉽지 않다. 착실히 수행이나 훈련을 거듭하고 매일 정진하는 사람은 거의 없는 것 같다.

'음미', '궁리', '단련'은 이른바 『오륜서』에 있어서 3대 키워드, 혹은 미야모토 무사시의 생각과 실천에 있어서 '3종 세트'다. 데카르트도 음미, 궁리, 단련을 이용해 홀로 깊이 생각하면서 판단력이라는 칼과 기술을 연마했다.

『오륜서』는 무사시가 칼을 쥐는 법, 자세, 타이밍 등을 구체적으로 기록한 '검술 기술론'이다. '오륜'의 '허공권(空の券)'은 득도의 경지로 『오륜서』는 검술과 극도의 비법서라 할 수 있다.

한편 데카르트의 『방법서설』 역시 일종의 비법서라 할 수 있다. 이성을 올바르게 인도해서 진리를 탐구하는 방법으로 이런 게 있다고 상세하게 서술되어 있다.

동시에 나는 『방법서설』을 포함해 데카르트의 책을 '생각의 비법서'라고 표현하고 싶다. 그의 책에 적혀 있는 내용을 이해하고 깨닫는 바가 있으면 안개가 걷히는 듯 세계가 선명해지면서 망설임이 대폭 줄어든다. 일할 때도 이런 변화가 반영되어 업무 성과로 나타날 것이다.

철학으로 업무 능력을 업그레이드하다

'애초에 철학 따위는 사는 데 도움이 안 돼'라고 생각하는 사람도 있는데, 결코 그렇지 않다. 철학을 배우면 세상을 바라보는 시각이 확 달라질 수 있다.

평소의 출근 풍경, 여행지의 절경, 정치나 경제 뉴스를 받아들이는 방법, 영화, 음악, 스포츠를 바라보는 시각, 업무를 대하는 방식 등이 확 바뀌는 경험이 있는가? 철학을 배우면 종종 그런 일이 있다.

철학을 배움으로써 사물을 바라보는 시각과 사고가 변화하는 것이다. 철학에는 우리의 세계관을 바꿀 정도로 큰 힘이 있다.

철학이라기보다 일종의 윤리학이지만 '일본 자본주의의 아버지'라고 불리는 시부사와 에이치는 논어의 윤리와 경영이 뿌리와 줄기로 얽혀 있음을 몸소 보여주었다. 그의 경영철학은 저서『논어와 주판』에 뚜렷하게 담겨 있다.

철학에 대해 더 직접적으로 말하면 예전 정재계의 리더는 전쟁 전의 구제고교(현재의 대학교양과정에 해당) 시대 사람으로 철학서도 자주 읽었다. '데칸쇼'라고 불리는 데카르트, 칸트, 쇼펜하우어는 필독서였고, 그 밖에 니체, 도스토옙스키 등의 책도 읽었다.『죄와 벌』, 『카라마조프가의 형제들』등으로 알려진 도스토옙스키는 소설가이지만 그의 문학에는 철학적인 사상도 많이 함유되어 있다.

철학을 배운 전쟁 전 엘리트층이 철학자가 됐을까? 그런 사람은 극히 드물고 대부분은 경제의 길로 나갔다. 학창시절에 철학책을 탐독하거나 기숙사생끼리 열띤 토론을 벌인 경험은 그들의 피와 살이 되었으리라. 철학으로 사고와 정신력이 단련되어 일본 경제의 발전에 크게 이바지할 수 있었던 것이다.

'의문'을 품을수록 생각이 깊어진다

지금껏 철학은 몇 번이고 유행했다. 가령 1960년대부터 1970년대에 걸쳐 철학서를 읽는 사람이 전 세계적으로 많았다. 그 당시에는 특히 실존주의 철학이 인기였다. 그중에서도 사르트르의 저서를 많은 학생이 읽었다.

사람들은 왜 철학책을 읽을까? 첫째, 철학책에 담긴 삶의 방식을 알고 싶어서다. '나는 어떻게 살아야 하는가?'라는 고민에 대한 답을 철학에서 구하고자 하는 것이다.

둘째, 존재론이나 인식론에 흥미가 있어서다. '이 세상은 앞으로 어떻게 될까?', '이 세상이 지금 이렇게 된 것은 어째서일까?' 같은 근본적인 의문에 대한 답을 철학에서 구하고자 하는 것이다.

두 가지 목적으로 철학책을 찾는데, 답을 구하는 것 자체가 철학적인 태도다. 어느 쪽이든 '의문을 품는 자세'를 갖추고 있다. '의문'이야말로 철학적인 것이다.

의문은 기원전 고대 그리스 시대부터 있었다. 소크라테스나 플라톤은 물론이고 소크라테스 이전인 탈레스, 헤라클레이토스 등도 '세계의 근원은 무엇인가' 같은 의문을 품었다. 그리고 탈레스는 "세계의 근본은 물이다."라는 답을, 헤라클레이토스는 "만물의 근원은 불이다.", "만물은 변화한다." 등의 답을 내놨다.

이와 같이 의문을 품고 생각하는 동물은 인간 이외에는 없으리라. '나를 있게 하는 근본은 무엇인가' '우리 세계의 근원은 무엇인가' 같은 의문을 품어야 생각이 더욱 깊어진다.

한편 다음과 같은 태도는 철학적이라 할 수 없다.

"먹고살 수 있으면 됐어."

"이유야 어쨌든 효과가 있으니 됐잖아."

"근본적인 이유는 잘 모르겠지만 잘 풀렸으니까 괜찮지 않아?"

이는 상당히 표층적인 태도로 사고의 깊이도 없는 것이다. 가령 지금 잘 풀린다고 해도 앞으로도 과연 순조롭게 나아갈 수 있을지, 문제를 회피하고 냉혹한 비즈니스 세계를 헤쳐나갈 수 있을지에 대해 물음표가 생길 수밖에 없다.

철학적인 태도가 몸에 배지 않아서 일어나는 경우도 있다. 예를 들어 거래처와 어떻게 계약을 체결해야 할지 판단해야 하는 상황인데 안절부절못하며 좀처럼 결정하지 못한다. 혹은 명확한 근거도 없이 어영부영 정해버린다. '됐어. 다음은 어떻게든 되겠지' 하고 생각해버리는 것이다.

주변 사람과의 협업에서도 '그럼 이런 느낌으로…' 같은 식으로 만사를 두루뭉술하게 진행해버리는 일도 있다. 그러면 그다음에 어떤 문제가 발생한 경우, 누구도 책임지려 하지 않거나 책임을 전가해버리는 사태가 일어나기 십상이다.

기술로서의 철학을 익히다

철학은 우리에게 삶에 대해 질문한다. 고대 철학자들이 자기 자신, 사회, 자연, 종교 등과 격투해서 살아남은 지(知)의 결정체가 철학이다. 철학을 책상의 학문으로 끝내지 않고 철학의 힘을 활용함으로써 우리 인생은 훨씬 더 풍요로워진다.

이를 위해서는 철학을 기술로서 익히는 게 중요하다. 알기 위해서만이 아니라 실천하는 것이 중요하다. 실천하지 않으면 철학은 영원히 익힐 수 없다.

예를 들어 실존주의 철학에 대해 대강 설명할 수 있다고 해도 그다지 의미는 없다. 물론 설명할 수 없는 것보다 훨씬 낫지만 더 중요한 것은 실존주의를 실천하는 것이다. 그것이 철학을 활용하는 것이다.

실존주의를 실천하면 가령 어떤 부조리한 상황에 자신이 처하거나 중요한 결단을 내려야 할 때도 '나의 미래는 나의 선택에 의해 바꿀 수 있다'라고 생각할 수 있다. 자신은 이 세계에 내던져졌어도 다시 일어설 수 있다고 생각하는 게 실존주의의 근본 사고다.

이는 '피투적 투기(被投的 投機)'라고 불리는 사고로 이 세계에 던져진 인생(피투적)을 스스로 나아갈 길 속에 나를 던진다는 생각이다. 자신의 판단으로 선택하고 나아간다는 것으로 이를 위해서는 자신의 의지가 필요하다.

'선택과 결단'에 철학을 활용한다

나는 대학 원서를 쓰기 전에 어느 대학의 어느 학부에 진학할지 깊이 고민했다. 그때 실존주의에 대해 얼마간의 지식이 있었기 때문에 철학을 다음과 같이 활용했다.

선택지는 A, B, C, D 등이 있다. 어느 쪽이든 고를 수 있다. A를 고르면 앞으로 어떻게 될까? B를 고르면 장래에 어떨까? 미래 일은 아직 아무것도 모른다. 미래를 모르지만 대학과 학부를 고르지 않으면 안 된다. 지금 시점에서는 완전히 지원할 대학을 결정하기 어렵다는 결론에 이르렀다.

'가능한 한 높은 평가를 받은 대학에 가는 게 좋지 않을까?', '졸업 후 폭넓은 선택지가 있는 대학과 학부도 좋을 거야.'라고 생각했다. 생각이 꼬리에 꼬리를 물어 이어졌고 종국에는 '세상에서 가장 가치 있는 것은 무엇일까?'에 이르렀다. 그리고 열아홉 살의 나는 '그거야 바로 재판관이지. 그것도 최고재판소의 재판관!'이라는 결론을 내릴 수 있었다.

알아보니 도쿄대학 법학부에 진학하지 않는 한 최고재판소의 재판관이 되기는 어려워 보였다. 내게 있어 가장 가치 있는 일을 하기 위해 도쿄대 법학부에 진학하기로 정했고, 이를 위해 '도쿄대 문과1류 합격'이라는 목표를 세웠다. 열아홉 살의 나는 나름 필사적으로 생각해 진로를 결정했다. 이런 나의 사고 흐름은 실존주의 철학이었다.

결과는 불합격이었다. 재수 후 도쿄대 문과1류에 합격했고 법학부에 진학했지만 결국 재판관은 되지 않았다. 도중에 법률가는 내 기질과 맞지 않음을 깨달았기 때문이다.

젊은 시절의 내 선택과 결단이 꼭 성공했다고는 말할 수 없다. 대학과 학부를 고를 때 내 기질을 좀 더 생각해봤으면 좋았을 텐데….

그러나 나는 열아홉 살에 내렸던 선택과 결단을 결코 후회하지 않는다. 돌이켜보면 그때 이러는 게 더 좋았다는 부분은 있지만, 당시 내가 스스로 생각하고 또 생각해서 내린 결정이었기 때문이다. '스스로 결정했기 때문에 다른 사람 탓을 할 수 없다'라고 다짐했다. 이 태도야말로 실존주의적이라고 할 수 있지 않을까.

데카르트 사고로 불안함을 없앨 수 있다

데카르트 철학의 쓸모는 2장 이후부터 구체적으로 살펴보겠기만 대략 장점을 말하면 이렇다. 데카르트 사고를 배우고 익히면 개운치 않은 마음이나 불안정한 상태에서 벗어날 수 있다.

회사원을 포함해 현대인 중에는 '왠지 모르게 불안한' 상태인 사람이 많다. 일, 돈, 가정, 건강, 직장 내 인간관계 등 이런저런 일로 고민하고 걱정한다. 아무런 고민도 걱정도 없이 만사가 술술

풀리는 사람은 극히 드물 것이다. 크든 작든 저마다의 문제로 마음이 불안한 상태다.

그런데 구체적으로 무엇이 얼마만큼 불안한지 물어봤을 때 명료하게 답하는 사람은 많지 않다. 찬찬히 생각해보면 일어나지도 않은 일을 앞당겨서 걱정하는 경우도 있을 것이다.

"이런저런 해결법을 고민해보았지만 그래도 걱정이 해소되지 않았다."라고 말하는 사람도 있지만 무엇이 문제인지조차 잘 정리하지 못한 채로 점점 생각만 거듭해서 불안을 부풀리는 사람도 있다.

데카르트 사고는 이런 불안이나 고민을 타파하는 데에도 효과적이다. 본래 나아갔어야 할 방향으로 생각을 집중시켜 쓸데없는 고민에 휩싸이지 않도록 하며 절차를 세워 앞으로 할 일을 명확히 할 수 있다. 데카르트 사고로 머릿속이 깔끔히 정리되면 업무에 더욱더 집중할 수 있다. 이것이 데카르트 사고를 익히면 얻을 수 있는 효과다.

이성적인 사고를 더 잘할 수 있는 법

데카르트의 대표작 『방법서설』이나 『정념론』을 읽어보면 '여기 적힌 대로 하면 정신력이 강해지겠는데?'라는 생각이 저절로 든다. '강한 정신력'은 성격이 세다든가 기질이 드센 것과는 관계없으며 훈련해서 익힐 수 있는 '이성적 사고의 기술'이라는 걸 깨닫게 될 것이다.

뇌의 기능으로 말하면 이성적 사고는 주로 전두전야(사고와 창조성을 담당하는 뇌의 최고 중추로 워킹 메모리, 반응 억제, 행동의 전환, 플래닝, 추론 등의 인지·실행 기능을 담당하고 있음-역주)와 관계있다. 전두전야는 사람을 사람답게 하는 뇌의 부위로 사고, 기억, 창조성 등을 담당하는 뇌의 최고 중추라고 할 수 있다.

한편 뇌의 편도체는 불안, 공격성과 관계있다. 편도체도 물론 뇌의 중요한 부위다. 가령 인간이 곰의 습격을 받았다고 하자. 이때 편도체의 작용으로 아드레날린이 방출되어 곰에 대항할 수 있게 된다.

그러나 대항해야 할 상대가 곰과 같이 육체적으로 싸워야 할 적이 아니라 이성적 사고로 싸워야 할 상대인 경우에는 편도체가 아닌 전두전야가 작용하도록 두는 게 좋다.

회사원, 스포츠선수, 무도가 등은 업무나 시합 상황에서 냉정하게 대응하지 않으면 실패해버리기 십상이다. 과도하게 불안해지거나 안절부절못해서는 잘 풀릴 일도 실패하리라.

데카르트가 생존하던 시대에는 전두전야의 작용 같은 세부적인 내용까진 몰랐을 테지만, 오늘날은 전두전야를 단련하는 방법까지도 알려져 있다. 그중 하나가 음독(音讀)인데 책을 소리 내어 읽으면 전두전야가 활성화된다.

데카르트 사고법을 배우면 이성적 사고가 얼마나 중요한지 절실히 알 수 있다. 중요성을 인지하게 되면 자연스레 이성적 사고 기술을 좀 더 키우기를 바랄 것이다.

정식 탁구 선수와 동네 탁구 고수의 차이

미야모토 무사시는 평소 "자주 단련해야 한다."라고 반복해서 말했다고 한다. 사람은 단련함으로써 큰 폭으로 성장할 수 있다. 소질을 타고났지만 단련하지 않는 사람과 소질은 타고나지 않았지만 단련하는 사람이 싸워 후자가 승리하는 일이 왕왕 있다.

운동신경은 좋지만, 탁구로 말하면 찜질방에 있는 핑퐁 정도만 친 사람이 있다고 하자. 또 한 명은 운동신경은 좋지 않지만, 고교 3년간 탁구부에서 연습에 충실한 사람이라고 하자. 두 사람이 탁구 시합을 한다면 절대적으로 후자가 승리한다. 연습, 훈련, 단련이라는 것은 그 정도로 사람을 성장시킨다.

나는 중학생 때 테니스부 소속이었고 운동신경에는 자신 있었다. 그러나 어떤 일을 계기로 큰 충격을 받고 내 자신을 돌아보게 되었다.

어쩌다 동급생 여학생과 체육관에서 배드민턴을 하게 됐다. 그녀는 배드민턴부였고 난 테니스부였다. 배드민턴과 테니스는 둘 다 라켓을 사용하는 등 비슷한 면이 있는 데다 나는 운동신경에 자신이 있었으므로 '뭐, 식은 죽 먹기지' 하고 상대를 얕보았다. 배드민턴을 쳤고 나는 맥없이 패배했다.

그때는 '어째서? 내가 왜?' 하고 충격을 받았다. 그런데 곰곰이 생각해보면 당연한 이야기다. 나는 배드민턴 연습을 전혀 한 적이 없었다. 그런 내가 매일 배드민턴 연습을 반복해온 사람을 이긴다는 게 애초에 잘못된 생각이었다.

운동능력뿐 아니라 이성적 사고력도 단련하면 강해질 수 있다. 소질이나 성격에 의지하는 게 아니라 이성적 사고는 어떤 힘이 있는지를 이해하고 몸에 밸 때까지 거듭 실천하면 된다. 단련을 계속하면 분명 누구나 이성적 사고력을 키울 수 있다.

이 책의 2장부터 4장까지는 '사고의 비법서'라고 불리는 데카르트의 『방법서설』에 대해 해설한다. 5장에서는 데카르트의 또 하나의 대표작 『정념론』에 대해 해설한다. 『방법서설』로 이론적 사고력과 판단력을, 『정념론』으로 감정 관리력을 기를 수 있다. 사고력, 판단력, 감정 관리력은 모두 비즈니스 업무능력을 향상시키는 데 상당한 도움이 될 것이다.

2장

데카르트 사고로
'생각하는 나'를 만든다

이성적 사고력은 비즈니스에 유용하다

01

이성적 사고력은 누구에게나 있다

"양식(良識)은 세상에서 가장 공평하게 분배되어 있는 것이다. (중략) 잘 판단하고, 참된 것을 거짓된 것으로부터 가려내는 능력, 바로 양식 혹은 이성이라 일컬어지는 것이 모든 사람에게 있어서 나면서부터 평등함을 보여주는 것이다." - 『방법서설』

이성을 어떻게 사용하느냐가 중요하다

앞에 발췌한 문장은 『방법서설』의 머리말에 있는 문장이다. 여기서 '양식'은 'bon sens'로 '진위를 판단하는 능력', 즉 '이성'과 같은 말이다. 데카르트는 "양식(이성)은 모든 사람에게 공평하게 분배되어 있다."라고 말하고 있다. 매일 소리 내어 읽을 만큼 좋은 문장이다.

누구나 양식(이성)을 갖고 있는데 우리 의견이 나뉘는 이유는 무엇일까? 데카르트는 이에 대해 의견이 나뉘는 것은 어떤 사람이 다른 사람보다 이성적 사고력이 뛰어나기 때문이 아니라, 우리가 서로 사고를 다른 길로 이끌어 똑같은 것을 고찰하도록 하지 않기 때문이라고 말한다.

그리고 좋은 정신을 가지고 있는 것만으로는 불충분하고, 좋은 정신을 잘 이용하는 게 중요하다고 말한다. 양식(이성)은 모두 가지고 있지만, 그것을 적절하게 사용하지 않으면 보물을 가지고도 썩히는 것과 같다.

'나만의 규칙'으로 이성을 단련하다

『방법서설』에는 다음과 같이 서술하고 있다.

"나는 젊었을 때부터 행운이 따라서, 나 스스로가 고찰과 규칙의 길에 발을 들여놓을 수 있었다. 이러한 고찰과 준칙(학문, 사상, 삶을 인도하는 기준)에 따라 하나의 방법을 만들어냈다. 그리고 이 방법으로 나의 지식을 서서히 늘리고, 내 평범한 정신과 짧은 생이 허락하는 최고점까지 조금씩 지식을 높이는 방법이 있음을 알게 되었다."

여기서 말하는 '준칙'은 행동의 규칙, 행위의 기준이라고도 할 수 있다. 데카르트는 '내 규칙', '내 기준'에 따라 지식을 점점 늘렸던 것이다.

"나의 목적은 자신의 이성을 올바르게 인도하기 위해 따라야 할 방법을 알려주는 게 아니라 어떻게 나의 이성을 이끌고자 노력했는지를 보였을 뿐이다."라고 겸손하게 서술하고 있지만,『방법서설』에서 이성적 사고를 이용하는 방법을 확실히 전해주고 있다. 얼마나 이성적 사고를 단련하고 잘 이용하여 자신의 인생에 활용했는지를 풀어나간다. 그중에는 오늘날의 비즈니스 상황에 도움이 되는 내용도 많다.

02

생각하기 때문에 인간은 동요하지 않는다

"나는 생각한다, 고로 존재한다."
- 『방법서설』

'세상의 원점은 나'임을 자각한다

"나는 생각한다, 고로 존재한다."라는 데카르트의 말은 유명하다. 라틴어로는 'cogito, ergo sum(고기토 에르고 숨)'이며 라틴어 그대로 기억하는 사람도 많다.

이 말은 근대를 대표하는 말이기도 하다. 그전까지 유럽 사람들은 세상의 창조자인 신이 먼저 있고 인간이 있다고 생각했다. 데카르트 이전에는 신이 있기 때문에 내가 존재한다는 가치관이었던 셈이다.

그런데 데카르트는 "나는 생각한다, 고로 나는 존재한다."라고 단언했다. 신이 있고 내가 있는 게 아니라 내가 세상의 원점이라는 선언이다.

'의심하는 나'가 여기에 존재한다

데카르트는 진실과 거짓을 구별하기 위해 의심이 드는 것을 전부 배제하고 나니, 조금이라도 의심하면 모든 것을 의심할 수 있다고 생각했다.

그러나 데카르트는 『방법서설』에서 "모든 것을 거짓이라고 생각하는 동안에도 그렇게 생각하는 나는 필연적으로 무엇인가가 아니면 안 된다."라고도 했다. 즉 자신은 이것을 의심하고 있고, 의심하는 나는 여기에 확실히 존재함을 인지한다. 그는 이를 철학의 제1원리로 삼았다

데카르트는 수학자이기도 하다. 수학에는 명백한 진리로서 인정되는 '공리(公理)'가 있다. 공리는 '이것은 절대적으로 확실하다'라고 여겨지는 것이다. 공리를 조합해서 '정리(定理)'를 만든다. 데카르트에게는 공리, 정리 같은 원칙을 아예 처음부터 만들고 싶은 마음이 있었던 것이다.

예를 들어 눈에는 보이지 않아도 영혼의 눈으로 볼 수 있는 '만물의 진짜 모습', '만물의 본질'을 플라톤은 '이데아'라고 칭했다. '이데아든 뭐든 본 적도 없고 어차피 뭐라고 말하든 상관없잖아?' 하고 생각할 수도 있다.

이데아에 조금이라도 의문을 품었다면 그 의문은 서서히 부풀어 오를 테고, 이데아를 증명하는 것도 어렵다. 그렇다면 이데아를 철학의 제1원리로 삼기에는 어려우리라.

'생각하는 나'가 모든 것의 출발점

이데아의 예를 들어보면, 『신약성서』에 적혀 있는 "태초에 말씀이 있었다."라는 문장이 있다. 이는 "신이 우선 존재하여, 신이 빛을 주었다."라고도 말할 수 있다. '신이 있다'를 제1원리로 삼는 데 있어, 신자들은 의심을 품지 않는다.

데카르트는 신을 부정하지는 않지만 "신이 있고 그래서 나는 존재한다."라고 하지도 않는다. 데카르트는 니체처럼 "신은 죽었다."라고 한 것은 아니지만, 모든 의심하는 대상에 사실 신도 포함되어 있었다. 어쨌든 제1원리가 "지금 의심하고 있는 내가 있다."이므로 원리상으로는 데카르트가 신을 무력화(無化)했다고도 말할 수 있다.

한편 데카르트는 독자적인 방법으로 신의 존재를 증명하고 있는데, 얄궂게도 원리적으로는 그리스도교의 신을 무력화한 것이다. 근거로 할 제1원리를 이데아도 신도 아닌 '생각하는 나'로 삼았다. 이는 데카르트 사고법에서 상당히 중대한 부분이다.

오늘날의 우리도 저마다 충분히 생각할 수 있다. 그러나 평소 '생각하는 나'가 지금 여기에 확실하게 있다고, 명확하게 자각하는 사람은 얼마나 될까.

'나는 생각한다, 고로 존재한다.'는 선(禪)과 상통한다

누구나 자신의 의지나 결의가 흔들린 경험이 있을 것이다. 이럴 때에도 "나는 생각한다, 고로 존재한다."의 정신이 몸에 배어 있으면 좋다. '생각하는 나'를 자각함으로써 판단하고 행동하려는 나는 지금 확실하게 여기에 있음을 알 수 있다.

그런 각각이 없으면 어쩌기 깼었을 때 '나는 뭘까?', '시는 게 의미가 있을까?' 등의 생각에 빠져 필요 이상으로 기분이 처지고 만다. 상사에게 지적을 받기라도 하면 '나는 재능도 운도 없어. 일도 실수해서 질책만 받고…. 관둬버릴까?' 하고 자포자기해버릴지도 모른다.

나는 20대 후반부터 33세까지 무직이었다. 동창회에 갔을 때

"지금 무슨 일 해?"라는 질문을 받으면 "아, 사실 나는 무직이야." 라고 답했던 기억이 있다. 나를 증명할 게 아무것도 없는 느낌이었다. 그때 '나는 지금 괴롭고 불안해서 이런저런 생각을 하고 있다. 이런 나는 확실히 여기에 있다'라고 생각했더니 불안감이 조금 완화되었다.

가령 회사에서 구조조정을 당했다고 하자. 그러면 모든 것을 잃어버렸다며 망연자실할지도 모른다. 그러나 그것은 자신의 정체성 중 하나가 사라진 것일 뿐이다. 실직자라는 현실은 암울하지만, 그것을 경험하고 바라보는 자신은 여기에 있음을 인식하고 앞으로의 일을 확실히 생각하기로 마음먹으면 세계가 조금 다르게 보일 것이다.

이는 나 자신을 명석하게 바라보는 자세로 선(禪)과도 상통한다. 관조(觀照)는 냉정한 관찰과 사색이며 만물의 본질을 인식하는 것이다. '관조적 자기(自己)'라는 말도 있는데, 이는 어떤 일이 일어나는 것을 냉정하게 관찰하고 본질을 인식하는 자신을 의미한다. 명상적 자기도 있다.

자신의 신상에 이런저런 난제가 닥치면 여러 가지 문제가 발생한다. 그러면 대부분의 사람이 우왕좌왕하게 된다. 이때 난제를 멀리서 바라볼 수 있는 사람은 동요하지 않는다.

✧ 나는 생각한다, 고로 존재한다.

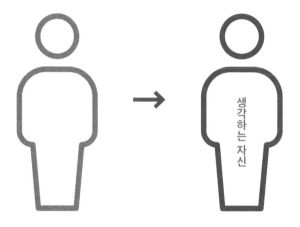

"신이 있다, 고로 나는 존재한다."
→ 자기 증명이 애매모호하다.

"나는 생각한다, 고로 존재한다."
→ 자각적으로 판단해 행동할 수 있다.

모든 것은 나를 원점으로 생각한다

"나는 하나의 실체이며 그 본질 내지 본성은 생각하는 것에 있다."
- 『방법서설』

단순한 심신이원론이 아니다

유명한 데카르트 사상 중 하나로 심신이원론(물심이원론)이 있다. 정신과 신체(물체)를 각각 독립된 실체로 보는 사고법이다. 심신이원론에서는 정신의 본성은 사고이고 신체의 본성은 공간적인 확장이라고 보았다. 『방법서설』의 다음 문장을 보자.

나는 하나의 실체이며 그 본질 내지 본성은 생각하는 것에 있고 존재하기 위해 어떤 장소도 필요 없으며 어떠한 물질적인 것에도 의존하지 않는다.

나를 지금 존재하게 하는 영혼은 신체(물체)와 완전히 구별되는 데다 신체(물체)보다 인식하기 쉬워서 가령 신체(물체)가 없다 해도 완전히 지금 그대로의 것에는 변함이 없다.

여기까지 읽으면 확실히 데카르트는 심신이원론적인 사고를 하고 있으며, 영혼(정신)을 신체보다 상위로 보는 듯하다. 그러나 그의 『방법서설』이나 『정념론』을 꼼꼼히 읽어보면 그렇게 단순한 게 아님을 알 수 있다.

왜냐하면 데카르트는 놀라울 정도로 뇌, 심장, 혈액 등을 연구했으며 다양한 각도에서 정신이나 신체에 대해 논하고 있기 때문이다. 그런 내용을 읽으면 심신은 영혼과 밀접하게 연결되어 있다고 여기는 데카르트의 사상을 살짝 엿볼 수 있다.

데카르트와 메를로-퐁티의 차이

데카르트의 사상 중 하나인 심신이원론과 대립하는 사상을 주장한 사람이 있다. 바로 12세기 프랑스 철학자, 메를로-퐁티(Maurice Merleau-Ponty)다. 그는 저서 『자각의 현상학』에서 심신이원론과는 완전히 다른 세계관을 제시했다. "신체를 중심으로 하여 인간을 파악하자."라는 게 그의 주장이다.

인간은 신체 없이 이 세계를 감지할 수 없다. 눈으로 보고 손으로 만지고 코로 냄새를 맡는 것으로 세계를 감지하고 생각한다. 메를로-퐁티는 그러한 점에 주목했다.

도구라 할지라도 신체의 일부가 되는 경우도 있다. 예를 들어 눈이 불편한 사람은 지팡이 끝을 자신의 신체처럼 이용해 살아간다. 숙련된 오르간 연주자는 처음 본 오르간이라도 그 앞에 앉자마자 오르간과 마치 한 몸이 된 듯 자연스럽게 연주할 수 있다.

신체를 중심으로 하여 인간을 파악하는 방법은 메를로-퐁티로 대표되는 사고다. 메를로-퐁티의 사고를 토대로 하면 우리는 정신으로 세계와 연결되는 게 아니라 신체로 세계와 연결된다고 생각하는 게 자연스럽다.

'세계의 중심은 나'라고 생각한다

누가 뭐라 해도 데카르트의 사고는 역시 매력적이다. "나는 생각한다, 고로 존재한다."라는 말은 "나 자신을 원점으로 생각한다."라고 바꿔 말할 수 있다. 이 경우에 '나'는 신체가 아니라 정신을 말한다.

대부분의 사람이 학창시절 '좌표'를 배웠을 것이다. 좌표란 위치를 수치로 표현하는 방법이다. 가로 수직선을 X축, 세로 수직선을 Y축이라 하고 이 둘을 합쳐서 좌표축이라고 한다. 이 좌표축(XY축)에서 표현되는 평면을 '데카르트 평면'이라고도 한다. 평면상의 좌표 개념을 데카르트가 확립했기 때문이다.

X축과 Y축이 교차하는 점(교점)이 원점이다. 원점을 정하면 그 평면의 모든 점을 X축과 Y축의 좌표로 확정할 수 있다. 즉 좌표축을 설정하려면 원점을 정해야 한다.

수학 좌표에서 원점을 설정하는 것이 어쩐지 데카르트의 철학 사고법에서 "내가 원점이다."라고 선언한 것과 비슷하다. 원점을 설정하는 것으로 좌표축이 성립되듯 내가 생각함으로써 내가 존재함을 인식하고 '원점으로서 나를 생각하는 것'이다.

X축과 Y축에 Z축을 더하면 자신을 원점으로 하여 우주의 모든 것을 XYZ 좌표로 정할 수 있다. '세계의 중심은 (신이 아니라) 나 자신이다'라는 자기중심주의 사상이 얼핏 엿보인다.

인간은 연약한 갈대 같은 존재이지만 생각하는 갈대다

"인간은 생각하는 갈대다." 파스칼의 말이다. 파스칼은 17세기 프랑스의 철학자이자 수학자, 물리학자였다. 그런데 '어째서 갈대인가?' 하고 의문을 품는 사람도 있으리라. 갈대가 아닌 냉이, 칡, 민들레도 좋지 않은가? 혹은 어떤 동물도 괜찮고 말이다. 여하튼 뜬금없이 '갈대'가 나오는 게 의아하긴 하다. 애초에 '뭐? 인간이 갈대라고? 무슨? 말도 안 돼' 하고 생각하는 사람도 있으리라.

파스칼이 하고자 하는 말은 세상에서 가장 연약한 생물이 갈대라면 인간은 그 갈대와 같다는 것이다. 원문을 보면 핵심은 '연약한'이다. 갈대를 연약한 것의 상징으로 표현하고 있을 뿐이다. 갈대는 힘이 없고 덧없는 식물이기 때문이다.

연약하다고 일컬어지는 갈대, 하나의 갈대처럼 인간은 약한 존재라고 파스칼은 말하고 있는 것이다. "인간은 갈대처럼 약한 존재이다. 그러나 생각하는 갈대다."라고 바꿔 말할 수 있다.

파스칼은 생각하는 것에서 인간의 존엄을 발견했다. 이 점은 데카르트와 닮았다. 약한 존재여도 생각을 계속함으로써 그 인간의 가치나 존엄이 살아난다. 그냥 아무 생각 없이 우연히 살아가는 게 아니라 '나는 언제나 생각하고 있으며 그렇게 해서 살아간다'라는 자각과 실천이 중요하다. 이를 우리는 데카르트나 파스칼의 사상으로부터 배울 수 있다.

✧ xyz의 좌표

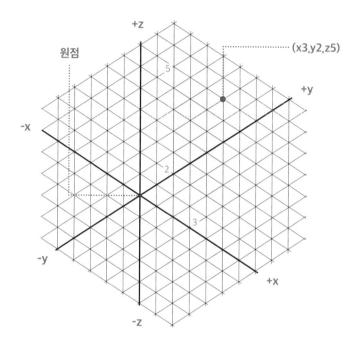

04

실패해도 모든 것을
부정하지 않는다

"낡은 주거를 해체할 때에는 통상적으로 그 해체한 재료를 새로운 집의 건축에 이용하기 위해 빼둔다." - 『방법서설』

재이용할 수 있는 것은 재이용한다

사고가 정리되지 않은 사람은 하나가 잘못되었을 때 그것과 관련된 모든 것을 부정해버리는 경향이 있다. 예를 들어 업무상 어떤 실패를 했을 때 지금까지 자신이 해오던 방식을 전부 부정하고 처음부터 다시 시작한다. 이런 방식으로 공을 쌓는 경우가 있을지도 모르지만 다소 생각이 짧은 면도 없지 않다. 『방법서설』에 나온 다음의 내용을 보자.

낡은 주거를 해체할 때에는 통상적으로 해체한 재료를 새로운 집을 건축할 때 이용하기 위해 빼둔다. 이와 마찬가지로 자신의 의견 중에서 기초가 확실하지 않다고 판단되는 것을 남김없이 파괴할 경우에도 다양한 관찰과 많은 실험을 집적해서 이를 나중에 좀 더 확실한 의견을 세우는 데 활용한다.

단어를 조금 바꿔서 옮겨보면 다음과 같다.

낡은 건물을 해체할 때에는 낡은 재료를 전부 버리는 게 아니라 쓸 만한 것은 챙겨서 새집을 지을 때 활용하면 좋다. 마찬가지로 자신의 의견 중에서 불확실한 것이 있으면 이를 제치더라도(버리더라도) 확실한 의견을 내세울 때에는 다양한 관찰과 실험을 반복하면서 불확실한 의견도 재이용하면 도움이 된다.

과거에 '이번엔 실패했다'며 고배를 마셨던 일도 그 전부가 실패였을 리 없다. 가령 다섯 개 중 셋은 틀렸더라도 나머지 둘은 전혀 틀리지 않았고 오히려 적절한 행동이었을 수 있다. 그렇다면 그 둘은 버리기보다는 재이용하는 것이 낫다.

냉정한 판단을 못하는 사람은 극단적인 사고에 빠져서 '처음부터 다시 하자!' 같은 발상을 떠올리고 만다. 이는 주방에서 냄새가 난다고 주방 전체를 뜯어고치거나 뒤집어엎는 것과 같다. 냉정하게 생각하면, 냄새의 원인이 되는 상한 음식 같은 걸 버리고 주방을 청소하면 끝날 일인데, 주방 전체를 싹 고치려는 발상을 해버리는 것이다.

실패해서, 결과가 좋지 않아서, 쓸모없다며 뭐든 재빨리 버리는 게 꼭 좋은 것만은 아니다. 재이용할 것은 재이용하여 다음에 활용하는 것이 중요하다.

혼자만의 시간을 가지면
업무의 질이 높아진다

"지인이 있을 만한 장소와 일절 멀어져 이 땅에 숨어 살기로 결심했다." - 『방법서설』

정보 홍수에 지친 사람들

현대인은 익히 될 정도로 넘쳐나는 인터넷 정보에 매일같이 노출된다. 그뿐만 아니라 SNS로 친구, 지인 심지어 직접적으로 모르는 사람들과 소통하는 게 일상이다.

그런데 나는 SNS에 너무 빠지는 건 좋지 않다고 생각한다. SNS는 혼자만의 시간을 갉아먹는다. 시간을 소비할 뿐만 아니라 SNS 피로라는 말이 있을 정도로 정신적으로도 소모가 심하다.

정보 홍수나 SNS 피로에 지친 사람에게도 데카르트 사고는 효과적이다. 다음은 『방법서설』에 나온 문장이다.

8년 전 이러한 바람으로 지인이 있을 만한 장소와 일절 멀어져 이 땅에 숨어 살기로 했다. (중략) 여기서는 대부분의 국민이 아주 활동적이고 다른 사람의 일에 흥미를 갖기보다 자신의 일에 신경 쓴다. 나는 그 무리 속에서 지극히 번화한 도심에 있는 편리함이 무엇 하나 부족한 것 없이, 게다가 최대한 사람 사는 마을과 떨어졌다고 할 정도로 고독하고 은둔적 생활을 보낼 수 있었다.

데카르트가 은둔생활을 했던 것은 아니다. 당시 데카르트는 네덜란드에 살고 있었다. '이 땅'이란 네덜란드의 위트레흐트이리라. 그곳에는 많은 사람이 활발하게 생활했지만, 그 속에서 데카르트는 그야말로 은둔자처럼 살았던 것이다.

'고독하고 은둔적 생활을 보낼 수 있었다'라는 부분에서 그가 '고독'을 상당히 긍정적으로 받아들였음을 알 수 있다. 도심의 편리함을 음미하면서 혼자 조용히 사색에 잠기는 데카르트의 모습이 눈앞에 그려진다.

SNS와 거리를 둠으로써 얻을 수 있는 것은 많다

인스타그램, 트위터, 라인 등의 SNS를 나는 일절 사용하지 않는다. 대학교수라는 직책상 학생들과 연락을 취해야 할 일이 있는데, 이때 라인을 이용하면 편리할 텐데도 일부러 사용하지 않는다. 얼핏 불편할 것 같지만, 의외로 SNS와의 연결점을 없애고 나서 성가신 일이 상당히 줄어들었다.

도쿄라는 대도시에 살고 있지만 내 스마트폰 연락처에 들어 있는 사람 수는 극히 적다. 아무도 연락해오지 않는 스마트폰을 들고 있으면 어쩐지 쓸쓸할 것 같은데, 전혀 아니다. 쓸쓸하기는커녕 오히려 조용히 집중할 수 있는 시간이 생겨서 좋다.

그렇다고 SNS를 완전히 부정하는 것은 아니다. 업무상 유용하게 사용하는 사람도 있을 테고, 자기표현의 장으로 활용하는 사람도 있을 것이다.

다만 SNS에 너무 빠진 나머지 인터넷 세계에 시간을 쏟고 정신이 피폐해질 정도가 되는 게 제일 안타까울 뿐이다. 또 SNS를 멀리하고 다른 무언가에 몰두하는 시간을 가지면 업무의 질은 단숨에 높아질 것이다.

06

기계와 똑같아서는
살아남을 수 없다

"눈앞에서 들리는 모든 말의 의미에 답하기 위해 단어를 이것저것 배열하는 것은 인간이라면 아무리 어리석은 자라도 할 수 있지만 기계는 할 수 없다고 생각한다."
- 『방법서설』

AI 시대를 어떻게 살아갈 것인가

데카르트는 『방법서설』에서 기계에 대해서도 언급했다. 전기제품은커녕 산업혁명이 일어나기도 훨씬 전에 인간과 기계의 차이에 대해 썼던 것이다. 상당한 선견지명이 아닐 수 없다.

앞에서 소개한 『방법서설』의 발췌 문장은 다음 문장의 뒤에 적힌 것이다.

기계가 말하듯이, 기관 안에 어떤 변화를 일으키는 신체작용에 의해 몇 가지 단어를 만들 수는 있다고 생각한다. 가령 기계의 어딘가를 만지면 무엇을 말하고 싶으냐고 질문하고 다른 곳을 만지면 아프다고 말한다든지 그와 비슷한 식으로 말이다.

데카르트는 영국에서 산업혁명이 발발하기 100년도 훨씬 전에 기계가 말하는 상황을 떠올렸다. 그러나 기계는 의미를 생각해서 응답하는 능력이 없다는 게 데카르트의 생각이었다.

그가 살았던 시대로부터 거의 400년이 지난 현재, 이 문제는 AI(인공지능)와의 조화에서 중요한 의미가 있다고 본다. AI는 현재, 독해력이 점점 향상되고 있다. 적어도 현시점에서는 AI에 있어 독해력이 상당히 어려운 분야라는 지적도 있다. AI가 자연스런 단어로 독해하는 게 상당히 어렵다는 이야기다.

AI는 많은 사람의 상상을 넘어 빠른 속도로 진화하고 있다. AI를 다룬 TV프로그램을 보면 AI는 사람의 취향이나 기호 등을 전부 기억하는 게 가능하긴 기 소개되고 한다. 그 취향에 기초를 조합해서 "당신에게 이것을 추천합니다." 하고 AI가 그 사람에게 권할 수도 있다. 이는 문맥 이해력이 어느 정도 있다는 의미다.

데카르트는 "단어를 이것저것 배열하는 것은 인간이라면 아무리 어리석은 자라도 할 수 있지만 기계는 할 수 없다."라고 했다. 여기서 '단어를 이것저것 배열하는 것'은 문맥 이해력과 독해력이라 할 수 있다. 데카르트는 기계에는 이 능력이 없다고 본 것이다.

가령 농담을 생각해내고 이해하는 데에는 문맥 이해력과 독해력이 필요하다. AI가 농담을 말하거나 농담을 듣고 웃을 수 있게 되면 '오, AI가 드디어 여기까지 진화했나!' 하고 감탄하리라. 대단한 단계까지 진화한 것이 될 테니까.

그러나 애초에 AI를 진화시키는 것은 인간이므로 AI가 농담을 이해하게 만들려고 마음만 먹으면 언젠가는 성공시킬 것이라고 생각한다. 인간이 가능한 한계 혹은 그 이상의 일을 AI가 할 수 있게끔 전문가는 밤낮으로 AI 연구를 하고 있다. 인간이 가능한 일은 앞으로 점차 AI도 할 수 있게 될 것이다.

그렇다면 AI가 할 수 없는 일을 인간이 하게 될 거라는 생각도 어쩔 수 없다. AI가 점점 진화하는 데 맞춰 각자 유연하게 자신의 몫을 바꿔나갈 수밖에 없으리라.

독해력과 문맥 이해력은 필수 능력

이번에는 지금까지 서술한 바와 조금 다른 시각으로 살펴보자. AI가 머지않아 문맥 이해력과 독해력까지 갖추게 될 텐데, AI의 능력이라고 우습게 볼 게 아니다. 사물이나 이야기의 맥락, 절차

상의 맥락, 문장을 읽고 그 의미나 내용을 이해하는 독해력이 부족한 인간은 단순 작업 같은 일밖에 담당할 수 없게 될 가능성이 높다.

예를 들어 고객이 하는 말에 숨은 의미를 전혀 모르는 사람은 문맥 이해력이 부족한 사람이다. 고객이 "음, 잘 모르겠는데" 하고 말했을 때 '이 고객은 찾는 물건이 없나 보군' 하고 해석하는 판매원이 있다고 해보자. 고객의 속뜻이 '다른 상품을 보고 싶다'였는데도 이를 전혀 알아채지 못한다. 그렇게 되면 고객은 만족스런 쇼핑을 할 수 없고 '이 가게는 별로 도움이 되지 않네' 하고 생각할지도 모른다.

문맥 이해력이 부족한 사람은 취업준비생 중에도 있다. 어느 기업의 면접시험이 끝난 뒤 "이대로라면 떨어질 테니까 이 루트로 연락해봐. 대처 방안이 있을 거야."라는 말을 들은 취업준비생이 있었다. 그러나 그는 '나는 떨어졌구나' 하고 그 기업에 연락하지 않았다.

나는 그 취업준비생에게 이야기를 건해 듣고 "그건 어떻게든 도와주겠다는 의미였으니까 연락했어야지!" 하고 안타까워하며 말했다. 그러자 그는 "예? 그런 뜻이었어요?" 하고 놀랐다. "하지만 '자네는 이 면접에서 떨어졌으니까'라고 말해서 이미 글렀다고 생각했어요."라고 답하기에 "아니지, '이 루트로 연락하면'이라고 했으니 가능성이 있다는 의미야."라고 말해줬다. 내 말을 듣고 그는 얼빠진 얼굴을 했다. 이 또한 문맥 이해력이 부족했기 때문에 일어난 '어긋난 의사소통'이다.

문맥 이해력이나 독해력을 단련하려면 실생활에서 다양한 사람과 커뮤니케이션을 하는 게 중요하다. 그 밖에 독서도 도움이 된다. 독서 특히 문학작품을 읽으려면 문맥 이해력이나 독해력이 필요하기 때문에 단련될 수밖에 없다.

예를 들어 다자이 오사무 전집을 전권 읽어보면 문맥 이해력과 독해력이 상당히 좋아질 것이다. 다자이 오사무를 포함해 작가들은 독해력과 문맥 이해력이 극히 높으므로 이를 접하는 것만으로도 독해력과 문맥 이해력이 향상된다.

나는 최근에 다자이 오사무의 전집을 다시 읽고 있다. 처음 읽는 게 아닌데도 '선술집에서 잔심부름을 하는 처녀에 대해서도 이렇게 해석할 수 있구나' 하고 새로운 발견을 하는 일이 있다.

업무로 바쁜 사람이라도 퇴근길 지하철 같은 곳에서 소설을 읽어보면 어떨까. 작품을 즐길 수 있을 뿐 아니라 독해력과 문맥 이해력을 높일 수 있다. 분명 두 마리 토끼를 잡을 수 있을 테니 꼭 시도해보길 바란다.

07

어휘력을 갈고닦으면
전달력이 높아진다

"인간이라면 아무리 아둔하고 머리가 나빠도 광인조차 예외 없이 다양한 단어를 모아 배열하고 그것으로 한 번에 이어지는 이야기를 만들어내 자신의 의사를 전달할 수 있다." - 『방법서설』

'대박' '귀여워' 과다 사용의 위험수위

이가과 기게이 카이에 대해 서술한 데카르트는 인간과 동물의 차이에 대해서도 서술했다. 데카르트는 "인간 이외의 동물은 아무리 완전하고 기질이 좋아도 언어를 모아 배열하고 이야기를 만들어내어 자신의 의사를 전할 수 없다."라고 했다. 이것이 데카르트가 생각하는 인간과 동물의 큰 차이점이다.

개를 키우고 있는 사람으로서 장담하는데, 개한테도 감정은 있다. 게다가 생각하는 바도 있다. 즉 머릿속으로 이런저런 생각을 한다. 희로애락도 있고 기뻐하고 화내는 등 감정도 명료하게 표현한다. 공감하는 능력은 인간 이상이라고 생각한다. 개 이외의 동물한테도 감정이 있을 테고 생각도 할 것이다.

그러나 데카르트가 지적한 것처럼 동물에게 어휘력, 단어 배열 능력, 언어를 사용한 표현력 같은 능력은 없다. 이를 반대로 생각해보면 어휘력 같은 언어능력이 감퇴한 인간은 동물에 가까워진 것이라고도 할 수 있다.

도쿄 스카이트리를 보고 '대박', 스포츠선수의 활약을 봐도 '대박', 혹은 큰일이 일어나도 '대박', 뭔가 맛있는 음식을 먹어도 '대박'이라고 한다든지, 새끼고양이를 보고 '귀여워', 검은색 롱코트를 봐도 '귀여워'라고 말한다든지…. 감정표현을 '대박'과 '귀여워'밖에 못하나 싶은 생각이 드는 사람이 간혹 있다.

이런 사람을 두고 데카르트의 표현을 빌려 '다양한 단어를 모아 배열하고 그것으로 한 번에 이어지는 이야기를 만들어내 자신의 의사를 전달할 수 있는' 사람이라고 할 수는 없으리라. 이런 사람을 두고는 '위험수위의 어휘력'을 가지고 있다고밖에 표현할 수 없다.

'고뇌'만으로는 감정을 컨트롤할 수 없다

소년원에서 소년들을 돌보는 사람에 의하면 책 읽기를 못하는 소년이 많다고 한다. 만화책을 엄청 빠른 속도로 넘기기에 "왜 그렇게 빨리 읽어?"라고 물었더니 "글자는 읽지 않고 그림만 보거든요."라고 말했단다. 그러나 책을 차분히 읽고 글자를 또박또박 쓰는 연습을 꾸준히 하자 조금씩 책 읽기와 글쓰기가 되었고 점점 행동거지가 얌전해지며 마음을 컨트롤할 수 있게 되었다고 한다.

읽기와 쓰기는 자신의 마음을 컨트롤하거나 이성적 사고를 단련하는 데 도움이 된다. 반대로 읽기와 쓰기 훈련을 꾸준히 하지 않으면 반사뇌(反射腦)나 정동뇌(情動腦, 대뇌변연계)로 불리는 '고뇌(古腦)'만 활동해서 감정을 컨트롤할 수 없게 될 가능성이 있다. 에도시대부터 '읽기, 쓰기, 주판'이라는 말이 있는 것처럼 읽기와 쓰기는 인간의 이성을 단련하는 데 도움이 된다고 여겨졌다.

어휘력을 높이기 위해서는 책을 읽는 게 중요하다. 책은 한 사람의 저자가 생각을 집약하여 적었기 때문에 어휘를 익히는 데 좋다. 사전을 보면서 어휘력을 늘리는 방법도 있지만 이는 조금 변칙적인 방법이다.

독서는 저자의 우수한 이성적 사고력을 문자를 통해 그대로 배울 수 있다. 그러므로 양질의 책을 읽으면 이성적 사고력과 어휘력을 함께 단련할 수 있다.

08

좋은 책을 읽는 것은
과거의 현자와 대화하는 것과 같다

"모든 양서를 읽는 것은 지난 세기 일류였던 저자들과 친하게 대화하는 것이다. 그뿐만 아니라 그 대화는 그들 사상의 최상위 것을 보여주려고 꼼꼼히 준비된 것이다."
- 『방법서설』

왜 책을 읽어야 하는가

'왜 책을 읽어야 하는가'라는 물음에 대한 답은 위에 인용한 데카르트의 글에 집약되어 있다. 즉 독서는 과거에 일류였던 사람들과 친하게 대화하는 행위다. 그들의 최상위 생각이 정리되어 있는 것이 책이다.

'왜 책을 본보기로 삼아야 하는가'라는 물음에 대한 답도 될 것이다. 책 특히 양서라고 불리는 책은 과거의 우수한 사람들의 영혼 그 자체라고 할 수 있다. 그것을 소홀히 해서는 안 될 것이다. 양서를 충분히 음미하며 읽으면 피와 살이 된다. 독서에 의문을 품는 사람은 데카르트의 말을 반복해 읽고 제대로 가슴에 새기길 바란다.

　요즘 회사원이나 학생은 일반적으로 독서량이 현격히 줄어든 듯하다. 예전에는 지하철이나 카페에서 책을 읽는 사람을 자주 볼 수 있었는데 지금은 거의 찾아볼 수 없다. 독서의 효과를 생각하면 참으로 유감이다.

　데카르트는 『방법서설』에서 "역사상 기억해야 할 사건은 정신을 자극하고, 사려 깊게 읽으면 판단력을 기르는 데 도움이 된다."라고 서술했다. 역사를 배움으로써 정신을 자극할 수 있을 뿐 아니라 판단력을 기르는 데 도움이 된다는 것이다. 이는 우리가 역사를 배우는 의의 중 하나다.

09

'세계라는 거대한 서적'으로
자신을 단련한다

"우리는 교사들의 종속으로부터 해방되고 나서 곧바로 문자에 의한 학문(인문학)을 완전히 포기해버렸다. 그리고 이후 우리 자신 속에, 혹은 세계라는 큰 이야기 속에 발견할지도 모르는 학문만을 연구하기로 결심하고 남은 청춘을 다해 다음의 일을 했다. 여행하고 이곳저곳의 궁중이나 군대를 보고 기질이나 신분이 다른 사람들과 교류하고 다양한 경험을 쌓고 운명적인 기회를 잡아 스스로 시련을 시험하고 도처에 눈앞에 나타나는 사건에 대해 반성을 더해 그로부터 어떤 이점을 끄집어냈다." - 『방법서설』

여행을 떠나면 많은 진리를 발견할 수 있다

"문자에 의한 학문(인문학)을 완전히 포기해버렸다."만 읽으면 앞에서 다룬 내용과 모순인 것처럼 보이는데, 그렇지 않다. 데카르트는 이 시점에 이미 책은 충분히 읽었다. 그로서는 다음 단계로의 여정을 떠난 것이다.

오늘날로 말하면 배낭여행을 떠나 직접 세계를 눈에 담으려 했으리라. 혹은 테라야마 슈지의 『책을 버리고 거리로 나가자』에 담긴 메시지와 비슷할지도 모른다. 다만 데카르트는 거리가 아니라 세계로 나간 것뿐이다. 데카르트가 청춘이어서 그랬을 수도 있다.

데카르트는 『방법서설』에서 "중대한 관련이 있는 것에 대해 언급하는 추론은 판단을 잘못하면 금세 결과에 따른 벌을 받으므로 문자의 학문을 하는 학자가 서재로 둘러싼 공허한 사변(思辨)에 의한 추론보다도 까마득히 많은 진리를 발견하리라고 생각했다."라고 했다. 여행을 떠나면 상당히 많은 진리를 발견할 수 있다는 게 그의 주장이다.

데카르트는 수년간 유럽 각지를 여행했다. 그럼으로써 책만으로는 알 수 없었던 세상의 현실을 배웠다. 이런 경험은 그의 이성적인 사고력이나 판단력을 기르는 데 큰 도움이 되었다.

책을 들고 여행을 떠나면 지식과 식견을 얻을 수 있다

현대인은 데카르트가 살던 시대보다 훨씬 쉽게 여행을 떠날 수 있다. 업무가 바빠서 좀처럼 여행하지 못한다는 사람이 있는데 마음먹고 방법을 찾으면 여행을 떠날 수 있다. 하다못해 업무상 출장을 떠날 수도 있다.

이때 데카르트가 했던 것처럼 성격, 입장, 직업이 다른 다양한 사람과 적극적으로 교류하며 경험을 쌓는 것이다. 여행지나 출장지에서의 새로운 만남과 경험을 통해 어떤 지식과 식견을 얻을 수 있다.

다만 그러려면 의식적으로 행동할 필요가 있다. 우연히 교통수단을 탔다거나 어쩌다 걷는 것만으로는 얻을 수 있는 게 많지 않다. 또렷하게 자각한 채 여행하는 게 중요하다. 여행하면서 수첩이나 노트에 메모하는 것은 그다음이다.

여행은 시야를 넓혀준다. 책을 읽지 않는 사람이 늘고 있는 요즘, 나는 '책을 버리고 여행을 떠나자'보다 '책을 들고 여행을 떠나자'라고 권하고 싶다.

10

선조가 도달한 지점에 가고
그보다 더 앞을 목표로 하라

"앞선 자가 도달한 지점부터 뒤따른 자가 시작해서 많은 사람의 생애와 업적을 한데
모아, 우리 전체가 각자 따로따로 할 수 있는 것보다 훨씬 멀리까지 나갈 수 있다."
- 『방법서설』

거인의 어깨에 올라타다

영국 과학자 아이작 뉴턴(Isaac Newton)은 과학사 로머트 훅(Robert Hooke)에게 보낸 편지에서 "내가 저편을 전망할 수 있었다면 그것은 오로지 거인의 어깨에 올라탔기 때문이다."라고 했다. 뉴턴 이외에 니체도 같은 말을 했다. 이는 '선인이 쌓은 성과 위에 새로운 성과를 쌓는 것'이라는 의미로 해석된다.

학술논문은 선행 연구를 조사해서 쓰는 게 작법이므로 선행 연

구를 무시하고, 자신이 처음 생각해냈다고 정리를 해도 인정되지 않는다. 선인들 덕분에 지금 이 시점에 와 있음을 이해한 다음에 새로운 설명을 전개하는 게 학술논문이다. 노벨상 수상자의 결과는 확실히 이런 방식으로 완수되었다.

뉴턴은 로버트 훅에게 편지를 보냈지만 그 뉴턴이 있었기에 후세의 아인슈타인도 성과를 낼 수 있었다. 뉴턴은 '세계는 공간과 시간이 절대적'이라고 생각했는데, 이에 대해 아인슈타인은 '세계는 공간과 시간이 상대적'이라고 주장했다.

자신의 오리지널리티라고 생각했던 것도 얼마만큼 거인들의 업적 위에 올라탔는지, 그것들을 활용했는지를 생각하지 않으면 안 된다. 이는 거꾸로 생각하면 우리는 누구나 선인들, 거인들의 힘을 활용할 수 있다는 게 된다.

선인들의 위업을 끝까지 배우다

싱어송라이터 이노우에 요스이는 비틀즈를 무척 좋아해서 비틀즈 노래를 철저히 따라 부르면서 자신의 음악 기초를 만들었다고 한다. 나는 종종 이노우에 요스이의 콘서트에 가는데, 갑자기 직접 연주하며 비틀즈 노래를 부를 때가 있다. 그럴 때면 '무의식중에 비틀즈가 흘러넘쳤나 보다'라는 생각이 든다.

작가 무라카미 하루키도 피츠제럴드 등 자신이 좋아하는 작가를 분석하는 동안 저절로 그것이 자신의 문제가 됐다고 했다.

이노우에 요스이, 무라카미 하루키처럼 선인들, 거인들의 높은 수준의 무엇을 마음 깊이 좋아해 좇다가 그것을 이룰 수 있게 되면서 다음으로 나아가는 경우가 있다. 일할 때에도 교양을 쌓는 중에도 선인들의 훌륭한 무엇을 끝까지 배워야 한다. 조금 극단적으로 말하면 거의 그 사람이 되어보는 것이다.

아오모리 출신 판화가 무나카타 시코는 '나는 고흐가 될 거야'라고 다짐하고 '세계적인 무나카타 시코'가 되었다. '고흐가 될 거야'라고 다짐했어도 무나카타는 역시 무나카타지 고흐는 아니다. 다만 그런 마음 덕분에 '세계적인 무나카타 시코'가 되었던 것이다.

무슨 뜻인가 하면, 완전 복제(완벽한 복제)할 정도의 기세로 그 분야에서 최고로 우수한 사람을 철저히 배우면 수준이 월등히 오른다는 의미다.

작곡가 모차르트 역시 "말만 하면 어느 작곡가의 스타일이라노, 그것을 연구하셨습니다."라고 말했다. 다른 기기기에 대해 공부했기 때문에 가능한 발언이다. 그렇다는 것은 '천재 모차르트'조차 무에서 유를 창조한 게 아니라 선인들로부터 무서울 정도로 배운 후에 탄생했다고 봐야 한다.

어느 업계든 '거인'이 있고, 또 '앞선 자가 도달한 지점'이 있다. 앞선 사람이나 사물을 제대로 끝까지 배우는 게 중요하다.

11

일 잘하는 사람은 메모를 한다

"조금이라도 중요하다고 판단되는 모든 것을 그 진리의 발견에 따라 계속 쓰고, 또 그 것을 인쇄하려고 할 경우와 마찬가지로 주도면밀한 주의를 가지고 계속 쓸 필요가 있 다." - 『방법서설』

글로 씀으로써 아는 것이 있다

'글쓰기'는 여러 가지 효과가 있다. 쓴 글을 타인에게 보여주는 것은 물론, 자기 자신에게 있어서도 아주 유용하다. 머릿속으로만 생각할 때에는 좋은 아이디어라고 생각했는데, 종이에 적어보면 '2% 부족하다' 싶은 경우가 적지 않다. 이는 일기, 블로그, 트위터 등에 글을 쓰는 사람이라면 공감할 것이다.

혹은 좋은 아이디어라고 생각했는데 기획서에 정리하는 단계가 되면 '어? 앞뒤가 안 맞는데? 이러면 모순이 되잖아?' 혹은 '아니지, 이러면 안 팔리지' 등 스스로에게 태클을 거는 경우도 있을 것이다.

말하는 것과 글로 적는 것은 의외로 성질이 다르다. 말하고 있을 때에는 꽤 괜찮았지만 글로 적어보았더니 전혀 정리가 안 되는 이야기인 경우도 종종 있다.

대화를 나눌 때 나름 통하는 사람이라도 글로 적은 것을 읽으면 의외로 사고가 얕음을 아는 경우도 있다. 예를 들어 학생들이 적은 소논문을 보면 깜짝 놀랄 때가 있다. 달변이라고 생각했던 학생이 그다지 사고가 깊지 않음을 알게 되거나 반대로 과묵해서 무슨 생각을 하는지 알 수 없었던 학생이 폭넓은 지식과 깊은 사고력을 갖추고 있음을 알게 되는 경우도 있다.

앞에서 소개한 비행 청소년을 돌보고 있는 사람에게서 소년들에게 문장을 적도록 하자 초조함이 줄어들고 차분해졌다는 말을 들었다. 글을 쓰는 행위는 자신을 조용히 돌아보고 나 자신과 마주하는 효과도 있다.

글쓰기는 번거로운 행위다. 솔직히 피곤한 일이다. 피곤하다는 것은 그만큼 에너지 특히 정신적 에너지를 사용한다는 반증이다. 또 글쓰기는 사고의 진위를 묻는 행위다. 업무에 대입해보면 기획서를 작성해봄으로써 그 기획의 좋고 나쁨의 판단이 쉬워진다. 이치에 맞는지 여부, 이익이 나는지 여부, 거래처나 고객의 이점은 무엇인지 등을 글로 적어보면 명확해진다.

에디슨과 아인슈타인의 뛰어난 메모 능력

데카르트는 "다소 중요하다고 판단하는 모든 것을 그 진리의 발견 따라 계속 쓴다."라고 서술했다. 나도 그 말에 동의한다. 자신이 다소 중요하다고 생각하는 것은 곧바로 적는 습관이 몸에 배면 좋다.

경험상 사람의 이야기를 메모하면서 듣는 사람은 우수한 경우가 많았다. 그런 태도로 경청하면 말하는 상대방에게 신뢰를 주게 된다. 물론 상황에 따라 다르겠지만 업무상 거래처 미팅을 할때 보통은 메모하면서 듣는 사람이 더 우수해 보이고 신뢰가 가기 마련이다.

손을 움직이며 메모를 하면 의식이 명료해진다. 그저 듣기만 할때에 비해 의식이 선명해진다. 게다가 메모를 하는 도중에 자신의 의견이나 아이디어가 떠오를 때도 종종 있다.

발명왕 에디슨과 물리학자 아인슈타인은 메모를 압도적으로 많이 했다고 알려져 있다. 특히 에디슨의 아이디어 메모는 그 양이 방대해서 관계자가 지금도 정리를 계속하고 있다고 한다. 아인슈타인의 메모도 상당히 양이 많은데, 그에게는 아이를 유모차에 태워 어르면서도 메모를 써 내려갔다는 일화도 있다. 두 사람의 압도적인 지식과 창조력의 원천 중 하나가 메모라는 걸 알 수 있다.

나도 메모를 자주 한다. 지하철에 탔을 때는 물론 영화관에서 영화를 볼 때도 '아! 맞다!' 하고 무언가가 떠오르면 곧바로 메모를 한다. 영화관이 어두워서 조금 불편하지만 메모해두지 않으면 전부 잊어버릴 수 있기 때문에 바로바로 적어둔다. 수면에 떠오른 날치를 순간적으로 낚아채는 감각에 가깝다. 그렇게 낚아채지 않으면 날치는 다시 곧바로 수면 아래로 숨어버릴 테니 말이다.

수첩과 스마트폰을 모두 활용한다

요즘은 문득 떠오른 생각을 그 자리에서 메모하는 사람이 드문 것 같다. 떠오른 생각을 그때그때 메모하지 않으면 모처럼 좋은 아이디어가 떠올라도 금세 망각의 파도에 흘려보내 버리게 된다. 참으로 안타까운 일이다. 메모를 전혀 하지 않는 사람을 보면 '얼마나 되는 대로 사는 거지?' 같은 생각까지 든다.

메모를 할 때는 수첩이나 노트 등 종이에 볼펜으로 적는 방법과 스마트폰 메모 기능을 이용하는 방법을 모두 활용하면 좋다.

수첩에 적으면 뇌 기능이 활성화된다는 연구도 있으니 스마트폰
이나 패드 말고 수첩에 메모하는 게 습관화되면 더욱 좋다.

지하철이나 버스 안에서 책을 읽거나 메모하는 습관이 생기면
업무 개선책이 떠오르거나 기획 아이디어가 떠오르는 경험, 그것
이 유기적으로 이어지는 경험도 할 수 있을 것이다.

12

배울수록 인생은 넓어진다

"우리는 아직 배울 수 있다는 희망을 버리지 않는다." - 『방법서설』

'진리의 바다'가 넓어진다

당시 최고 수준의 지식인이었던 데카르트는 아직도 배우고 싶다는 마음을 가지고 있었다. "배움이라는 희망을 버리지 않는다."에서 데카르트의 그런 마음을 엿볼 수 있다. 여기에는 배움에 늦음은 없다는 의미도 포함되어 있다.

이 문장 앞에는 "지금까지 내가 배운 아주 조금의 지식은 내가 아직 모르는 지식에 비하면 없는 것과 같다."라는 문장이 나온다.

뉴턴도 이와 비슷한 말을 남겼다. "눈앞에는 드넓은 바다가 펼쳐져 있다. 그러나 나는 바닷가에서 조개껍데기를 주워 모으는 것에 불과하다."라며 접하지 않은 지식을 '진리의 바다'라고 표현했다.

어디 데카르트와 뉴턴이 이런 말을 할 수준인가? 어쩌면 데카르트와 뉴턴이기 때문에 이런 말을 할 수 있었는지도 모른다. 광대하고 끝없는 진리 앞에서 그들이 취한 겸허한 태도가 존경스럽다.

배우면 내가 바뀐다

『방법서설』에 다음의 문장이 나온다.

온갖 학문 중에서 조금씩 진리를 발견해나가는 사람은 부자가 된 사람이 이전에 가난했던 시절 적은 이익을 얻는 데 들인 비용과 쏟은 노력에 비해 아주 적은 노력으로 큰 이익을 얻는 것과 닮았다.

현대인에게 아주 와닿는 문장이다. '온갖 학문 중에서 조금씩 진리를 발견해나가는 사람'을 '배움을 멈추지 않아 진리를 발견해나가는 사람'으로 해석하면 그런 사람은 부자가 적은 노력으로 큰 이익을 얻는 것과 같다는 의미가 된다. 즉 배움을 계속하면 이익이 되는 것, 플러스가 되는 것이 아주 많다는 것이다.

고등학교나 대학을 졸업하면 '공부할 일'이 적어진다. 매일 일하느라 바빠서 따로 자기계발을 할 시간을 내기 어려운 사람도 있다. 책 읽는 습관이 있는 사람, 자격증시험 공부를 하는 사람은 매일 공부하는 데 익숙하지만, 게임을 하거나 동영상 보기만 했던 사람은 무언가를 배우는 데 익숙하지 않을지도 모른다.

그럼 배움이란 애초에 무엇일까? 배움이란 모르는 것을 아는 것이다. '연금은 이런 구조로 되어 있구나', '이것이 소련 붕괴의 원인이었구나', '이 지층은 이런 형태였구나' 등 몰랐던 것을 알게 되는 행위가 배움이다. 가령 어떤 예의범절 교실을 수강한다고 하자. 수업을 들은 후에 이전의 단정치 못했던 태도가 서서히 차분하게 바뀌었다. 이 또한 배움이다.

배움으로써 새로운 발견을 만나게 되면서 열린 사고를 할 수 있게 되어 스스로도 자신이 긍정적으로 변화함을 알 수 있다. 배움을 계속함으로써 얻는 기쁨과 성장은 무수히 많다.

회사는 '배움의 장'이기도 하다

회사는 그 자체가 배움의 장이기도 하고 교육의 장이 되기도 한다. 나는 대학교수로 지내며 그럭저럭 30년 가까이 학생들을 기업에 보내고 있다. 그 경험으로 말하면, 상당히 미숙했던 학생도 회사에 들어가 3년이 지나면 몰라보게 달라진다. 이런 변화와 성장은 회사 내 교육에 의한 면이 큰 것 같다.

회사에서는 인사 방식부터 전화응대, 메일 작성법, 업무 절차 및 처리 방식, 상사의 업무 스타일, 고객별 대응 요령, 상사에게 보고하는 방법 등 많은 것을 배우게 된다.

업무에 어느 정도 적응되었을 즈음에는 회사에 따라 부서 이동이 있을 수 있다. 나는 회사원에게 있어 부서 이동은 스스로를 단련할 기회라고 생각한다. 물론 새로운 업무를 다시 처음부터 이해하고 기억하는 건 어려운 일이다. 하지만 다르게 생각하면 그 과정은 성장할 계기가 될 수 있다.

예를 들어 출판사라고 해보자. 회사 사정에 따라서는 편집 경력이 긴 사람이 갑자기 영업에 투입된다든지 영업부에 오래 근무한 사람이 총무부로 이동하는 일이 있다. 이런 부서 이동에 불평을 토로하는 사람도 있지만, 내가 아는 편집자는 부서 이동을 괴로워하기보다 오히려 즐기는 듯했다.

그녀는 편집부에서 자재부로 이동했는데, "책이나 잡지의 종이를 배울 수 있어서 재미있다."라고 했다. 출판사는 편집업무를 동경해 입사하는 사람이 많으므로 그 부서에서 멀어지는 것을 대체로 좋아하지 않는데, 그녀는 모든 출판사 업무에 흥미가 있는 듯

했다. "앞으로 어떤 일이 있을지 기대돼." 하고 웃는 얼굴로 밝게 말하는 그녀가 빛나 보였다.

회사에서 자신이 하고 싶은 일, 잘하는 일만 하는 것도 바람직하다. 그것을 부정하는 것은 아니지만, 부서 이동은 자신이 결정할 수 없는 게 현실이다. 그러니 부서 이동 같은 큰 변화를 맞닥뜨렸을 때 새로운 자리에서 새로운 일을 배워 흡수해나가겠다는 자세를 취한다면 성장으로 이어질 것이다.

취미로 배우는 것도 많다

대학교수에게도 여러 가지 직무가 있는데, 간혹 귀찮은 임무를 할당받는 경우도 있다. 그런데 잡일로 보이는 임무라도 막상 해보면 배울 점이 있을 때가 있다.

학자는 어떤 의미로는 자신의 연구만을 하는 게 좋을 테지만, 대학이라는 조직에 적을 두고 있는 이상, 누군가가 무언가를 담당하지 않으면 조직은 돌아가지 않는다. 그런 임무를 경험한 덕분에 지금까지 몰랐던 세계를 알 수 있었고 새로운 걸 배울 수 있었다.

배움의 장은 회사 안팎에 많이 있다. 예를 들어 취미로 댄스를 배운다든지, 아이들에게 야구를 가르쳐준다든지 해서 얻을 수 있는 배움도 있다. 나는 50세부터 수년간 젊은 선생에게 첼로를 배운 적이 있다. 그것은 새롭고 신선한 경험이었고 정신적으로 회춘한 기분이었다.

　업무적으로도 업무 외적으로도 '배움이 있는 인생'을 꾸준히 지속한다고 마음먹으면 인생은 훨씬 풍요로워질 것이다.

13

타인에게 배우는 것보다 스스로 배운다

"다른 사람으로부터 배울 때는 자신이 직접 발견할 때만큼 확실한 것을 파악할 수 없고 또 그것을 자신의 것으로 할 수 없다." - 『방법서설』

수동적이어서는 몸에 배지 않는다

"그 분야에 일등터 띄이닌 사람에게 배우면 수준이 급격히 오른다."라고 앞에서 서술한 바 있다. 이와는 다른 말일 수 있지만, 데카르트는 "다른 사람에게 배우기보다 스스로 배움의 중요성을 알아야 한다."라고 했다. '앞선 자가 도달한 지점부터 후발주자가 시작'하기 위해서는 앞선 자가 이룬 것을 배워야 한다. 이때 배우는 자세가 능동적이어야 한다.

업무상 새로운 지식이나 기술을 배울 때 사람이 가르쳐주기만을 기대하는 태도로는 아무리 시간이 지나도 그 지식이나 기술이 몸에 배지 않는다. 주체적 능동적 적극적으로 내 것으로 흡수하려는 자세가 필요하다. 그래야 자신이 배운 지식이나 기술에 애착이 생긴다. '나는 이만큼이나 노력해서 이 지식이나 기술을 얻었다'는 자부심이 생긴다.

스스로 발견하는 자세를 취하라

한 남학생이 체격이 좋기에 "몸이 좋네? 무슨 운동해?"라고 물었더니 근육운동을 한다고 했다. 좀 더 구체적으로 말해달라고 했더니 다양한 책을 참고하면서 어떻게 하면 근육질 몸매가 될 수 있을지를 궁리하며 근육운동을 한단다. 그는 '내가 직접 발견하겠다'는 마음가짐으로 운동한다고 했다.

또 어떤 학생은 상당히 인기 있는 블로그를 운영하고 있었다. 인기 비결을 물었더니 사진이나 동영상을 업로드할 때나 문장을 쓸 때 하나를 올려도 한 문장을 쓰더라도 상당히 신경 쓴다고 했다. 이 학생 또한 '내가 직접 발견하겠다'는 자세인 셈이다.

업무에 있어서도 수동적인 자세가 아니라 본인 스스로 배우고 궁리하는 자세가 아주 중요하다.

14

끊임없이 '새로운 궁리와 아이디어'를 생각하고 실천한다

"만약 내가 젊었을 때부디 이미, 뒤늦게 그 논증을 탐구한 모든 진리를 다른 사람들에게서 배울 수 있고 그것을 아는 데 아무런 고생도 하지 않았다면 그 이외의 진리를 알지 못했을 것이다. 적어도 진리 탐구에 마음을 다함에 따라 획득한, 끊임없이 새로운 진리를 발견해내는 습관과 노력(나는 그것을 진짜 가지고 있었다)을 결코 얻을 수 없었으리라. 요약하면 다른 어떤 사람이 맞붙어도, 그것을 시작한 당사자만큼 수월히 완성할 수 없을 듯한 일이 이 세상에 있다면 그것이야말로 내가 지금 노력하는 일이다."
- 『방법서설』

유능한 택시 운전사는 항상 연구한다

'새로운 진리를 발견하는 일'은 아주 숭요하다. 그런데 위 문상에서 '새로운 진리'를 '새로운 아이디어'로 바꿔 읽으면 '아, 그런 경우도 있지' 하고 짐작 가는 바가 있을 것이다. 늘 '새로운 아이디어'를 내겠다는 마음이 있는 사람은 업무능력에 있어 주변의 신뢰가 두터울 것이다.

예를 들어 우수한 택시 운전사는 "이 길은 몇 시부터 몇 시까지 붐비지만 몇 시부터 몇 시까지는 한산합니다."라든지 "오늘은 금요일이고 시간은 오후 몇 시니까 이쪽으로 가야 더 빨리 도착합니다."라고 명확하게 말한다.

나는 종종 택시 운전사에게 뒷길을 알려주는데, 택시 운전사도 이미 그 뒷길을 알고 있어서 의견 일치를 보는 경우가 있다. 나는 자주 가는 길이라 뒷길을 아는 것이지만, 그 운전사는 도쿄 시내 지리에 정통한 듯했다. 도쿄의 도로망은 복잡하기 때문에 가장 빠르게 도착지에 도착하는 법을 요일별, 시간대별로 아는 것은 대단한 일이다.

한편 손님이 탑승하자마자 "제가 경력이 짧아서 길을 잘 모릅니다."라며 양해를 구하는 택시 운전사도 있다. 일을 시작한 지 얼마 안 되었다니 어쩔 수 없다지만 도착하기까지 시간이 오래 걸려서 약속에도 늦고 요금까지 더 내게 되면 곤란해진다.

누가 뭐라 하지 않아도 스스로 공부해서 실력을 높이는 사람에게는 그에 상응하는 평가가 따라오지 않을까? 길을 잘 모르는 택시 운전사의 매출이 높으면 납득이 가지 않을 것이다.

세심한 연구가 일본 럭비를 약진시켰다

럭비, 축구 등 스포츠를 봐도 강한 팀은 '이번 상대팀에는 이런

대형이 좋다'라든지 '이쪽을 집중 공략하는 게 승산이 있다'와 같이 전술을 세우며 끊임없이 연구할 것이다.

예를 들어 럭비 일본대표팀의 포메이션은 코치가 새로 부임하면서 발을 놓는 위치나 각도 등 상세한 연구를 바탕으로 변화가 이루어졌다고 한다. 그 결과 '밀리지 않는 포메이션'을 구축하는 성과를 냈다. 세심한 부분까지 '새로운 진리를 발견하는 습관과 노력'을 게을리하지 않은 코치가 있었기에 가능했으리라. 선수들도 코치의 지시를 따르며 '새로운 진리를 발견하는 습관과 노력'을 배웠을 것이다.

이 포메이션 개선으로 2019년 럭비 월드컵에서 일본대표팀은 대활약을 할 수 있었다. 그리고 연구를 계속하고 도전을 멈추지 않은 결과 8강까지 가는 쾌거를 이루었다.

'새로운 아이디어'를 적극적으로 제안하다

데카르트는 "끊임없이 새로운 진리를 발견하는 습관과 노력─나는 그것을 현재 가지고 있다고 생각한다."라며 스스로를 평했다. 실제로 데카르트는 '습관과 노력'을 다양한 자리에서 발휘했을 것이다.

내가 근무하고 있는 메이지대학에도 새로운 아이디어를 생각해내고 그것을 제안한 학생이 있었다. 그 학생은 어떤 기업의 인턴십에 참여했을 때 "이 컴퓨터의 이 시스템이 조금 잘못되어 있어서 작동이 원활하지 않은 것 같습니다. 여기는 이런 식으로 바꾸는 게 좋습니다."라고 제안했다고 한다. 당돌한 신입으로 비칠 우려가 있는 행위였지만, 결과적으로 그 학생은 그 회사에 채용되었다. 그 회사의 대표도 '새로운 아이디어'를 바랐던 게 아닐까.

 '끊임없이 새로운 아이디어를 발견하는 습관과 노력'을 가지고 실천하는 사람은 어떤 일이든 어느 직장에서든 능력을 발휘할 것이다.

15

토론의 목적은 이기는 것이 아니다

"나는 학교에서 실시하는 토론 방식으로 그전까지 알지 못했던 진리를 무엇 하나라도 발견한 일을 본 적이 없다. 누구나 상대를 이기려고 필사적인 동안에는 쌍방의 논거를 헤아리기보다도 진실함을 강조하는 데 노력하기 때문이다." -『방법서설』

당당하게 말했다가 창피를 당했던 경험

대화(토론) 자체가 나쁜 것은 아니다. 데카르트가 여기서 말하는 바는 논의를 격하게 해서 상대를 쓰러뜨리려는 태도다. 토론은 상대를 눌러버리거나 상대를 말로 구워삶는 측면이 있는데, 그러면 진리를 발견할 수 없다는 것이다. 물론 서로의 의견을 존중하고 서로의 논거를 확실히 밝힌 다음에 이루어진 논의는 인정하겠지만 말이다.

나도 토론이 지닌 한계를 경험한 적이 있다. 초등학생 시절 수업시간에 천칭의 좌우에 추를 달아서 중앙부터 얼마만큼 떨어져야 균형이 맞겠느냐는 문제를 다루었을 때의 일이다.

그 문제에 대해 몇 가지 답이 나왔고 나는 A안을 주장했다. "이러저러한 이유로 정답은 A안입니다." 나는 발표도 잘했기 때문에 당당하게 설명해나갔다. 친구들도 '아하', '그렇구나' 같은 표정으로 내 말을 들었다.

그러나 한 명의 친구가 "나는 B안이라고 생각합니다."라고 말했다. 그 친구 빼고는 모두 내가 주장한 A안에 찬성했다.

"그럼 실험해볼까요?" 그렇게 말하고 선생님이 실험을 해보았더니 정답은 B안이었다. 이런, 창피해서 얼굴에 열이 올랐다. 자신만만하게 설명한 만큼 돌아오는 부끄러움도 컸다. 그 난감함은 지금도 잊히지 않는다.

달변인 사람이 옳은 말만 하는 건 아니다

목소리가 작고 말주변이 없는 사람이라도 올바르고 적절한 주장을 하는 경우가 있다. 반면 목소리가 크고 달변이어도 잘못되거나 부적절한 주장을 하는 경우도 있다.

잘못된 일을 달변으로 말해서 많은 사람이 따르는 상황은 위험하다. 대화하거나 논의하는 일은 중요하지만 토론에서 이겼다고 해서 이긴 쪽이 올바르다고 단정할 수는 없다.

"토론이라는 방식으로 지금껏 몰랐던 진리를 발견할 일은 없다."라고 데카르트는 단언했다. 상대를 무너뜨리려고 필사적이 되어 자신의 설명이 옳다고 강조할 뿐인 토론에 의문을 품었던 것이다. 데카르트의 지적을 염두에 두어 나쁠 게 없다. 토론은 보다 좋은 길을 찾기 위해 냉정하게 이루어져야 할 것이다.

16

모든 것에 주의를 기울이고 검증한다

"혼자 어둠 속을 걷는 인간처럼 지극히 천천히 나아가고, 이런저런 일에 용의주도하게 주의를 기울이자. 그렇게 해서 아주 근소한 진행을 했다고 해도 넘어지는 일이 없도록 일부러 신경 쓰기로 나는 마음먹었다. 이전의 내 신념 속에 들어 있던 이성에 의해 끌어들여지지 않은 의견을 싹 버리는 것을 시작할 마음도 없었다. 그전에 충분히 시간을 들여 착수한 업무 계획을 세우고 내 정신이 달하는 모든 사물의 인식에 도달하기 위한 진짜 방법을 탐구하고 나서부터라고 생각한 것이다." - 『방법서설』

불충분한 검증으로 단정하지 않는다

데카르트의 주요 사고법 두 번째는 '진리를 탐구하기 위한 방법'을 보여주고 있다. 데카르트의 방법이 조금 고지식하다고 여겨질 수도 있겠다.

"어둠 속을 걷는 것처럼 천천히 충분히 주의하며 나아가자. 이성에 의해 인도된 사물이 아니라도 충분히 검증해서 정말로 적절한지 진짜 필요한지 발견해나가자."라고 의역해도 좋으리라.

092   데카르트가 21세기의 회사원이었다면?

오늘날은 편견이나 가짜 뉴스가 만연하고 있다. 가령 이슬람교도의 과격파가 테러를 일으키면 '이슬람은 위험하다' 같은 의견이 인터넷상에 넘쳐난다. '이슬람 과격파=이슬람교도'라고 착각하는 것인데, 이것은 너무 성급한 사고다. 세계의 대다수 이슬람교도는 테러를 일으킨 적도 없으며 과격파에 속하지도 않으니 말이다.

어떤 사건이 일어나면 '저 녀석이 범인이다!' 하고 멋대로 특정해서 인터넷상에 그 사람의 이름이나 사진이 게재되는 일이 있다. 그러던 중 진범이 다른 사람이었다고 밝혀진 일도 일본에서는 여러 차례 있었다.

이와 같은 태도는 진리를 탐구하기 위해 모든 것에 주의를 기울였다고 할 수 없다.

일부의 발언만 놓고 판단하는 것은 위험하다

매스컴에서 어떤 인물의 일부 발언만을 뽑아 그것만 반복해 보도하는 일이 있다. 그 일부분만 들으면 문제 발언 같아도, 그 전후의 발언과 연결 지어보면 부적절했던 게 아닌 경우도 있다. 애초에 일부만 보도하는 것은 공정한 방식이 아니다. 미디어가 발언을 충분히 검증하지 않은 채 보도했을 수 있다.

예를 들어 내가 강연회에서 말한 것을 누군가가 녹음해서 문맥은 고려하지 않고 어느 일부분만을 인터넷에 올렸다고 하자. 그러면 앞뒤 문맥상 문제가 될 게 없는데 문제 발언으로 탈바꿈될지도 모른다.

이야기의 전후를 들어보면 다르게 판단될 여지가 있다. 예를 들어 '○△□는 좋지 않다'라고 말했을 때 앞에 이유까지 있어야 의미가 이해되는데, '○△□는 좋지 않다'만을 가져오면 '단순한 ○△□ 비판'이나 '○△□에 대한 불만'으로 받아들여질 가능성이 있다. 그렇게 되면 그 말을 한 나로서는 '잠시만, 그건 좀 불공평하잖아' 하고 생각할 수밖에 없다.

다만 현대에는 잘못된 정보가 범람하고 있는 게 현실이다. 범람하는 정보는 데카르트가 말한 부분의 '어둠 속'과 일맥상통할지도 모른다. 지금의 세상이 잘못된 정보, 불확실한 정보, 편견이 많은 '어둠 속'이라고 해도 나 자신은 모든 것에 주의하면서 나아가겠다는 자세가 중요하다.

17

일 잘하는 사람은 늘 몸과 정신이 건강하다

"건강은 틀림없이 세상에서 가장 좋은 것이며 다른 온갖 좋은 것의 기초이다."
- 『방법서설』

몸이 건강하면 정신도 건강해진다

건강은 현대인에게 상당히 중요한 문제다. 알기 쉽게 예를 들어보자면, 회사원 A는 감기에 걸려서 기침을 심하게 하고 목에는 가래가 끼고 열이 38℃까지 올랐다. 그렇게 아프면 제대로 일할 수 없다. 아픈 몸으로 출근한들 주변에 민폐만 끼칠 뿐이다. 병세가 깊어지면 그건 또 그것대로 큰일이다.

현대인에게 건강은 중요한 테마이지만 400년 전 프랑스인이

이 정도로 건강을 중히 여겼다는 게 흥미롭지 않은가? 『방법서설』에 "정신은 체질과 신체 기관의 상태에 상당히 의존한다."라는 기술도 있다. 그 부분을 읽으면 데카르트는 역시 단순한 심신이원론자는 아닌 것 같다. 정신도 신체의 건강에 의존한다는 것은 '신체를 건강하게 유지하면 정신도 건강하게 유지될 가능성이 있다'라고 의역할 수 있다. 신체의 건강과 정신은 밀접한 관계가 있다는 지적이다. 이 점은 나도 동의하는 바다.

운동과 식사를 하면 불안이 완화된다

책상에서 일하는 회사원은 가능한 한 운동을 꾸준히 하는 게 좋다. 정기적으로 운동을 하던 사람이 운동을 그만두면 우울증 기미가 오기도 한다. 그렇다는 건 적당한 운동은 정신에 좋다는 반증이 아닐까? 조깅, 수영, 헬스, 국민체조, 농구 등 뭐든 좋으니 적당한 운동을 꾸준히 하면 몸이 가벼워진다.

나는 중고등학생 때 운동부 소속이었다. 중3 때 대회를 마치고 나서는 수험공부에 집중하기 위해 부활동을 그만두었다. 그러자 그 이후에 하루하루가 우울했다. 마찬가지로 고등학교 1~2학년까지 운동부 소속으로 열심히 활동하다가 고3이 되면서 부활동을 그만두고 입시에 집중했다. 그러자 또다시 우울증 기미가 왔다.

나의 치료법은 간단했다. 다시 운동을 했다. 꼭 부활동이 아니어도 몸을 움직여 운동을 즐기자 몸이 가뿐해지면서 우울한 상태에서 벗어날 수 있었다.

대학생이 되고 한때 모든 바람이 내 몸을 통과하는 건가 싶을 정도로 세상이 공허하게 느껴진 시기가 있었다. '이건 실존적인 불안일지도 몰라' 하고 생각했다. 그때는 툭하면 식사하는 것조차 잊어버리곤 했다. 그런데 신경 써서 끼니때마다 밥을 먹었더니 갑자기 바람이 몸속을 지나가는 일이 없어지고 실존적인 불안도 완화되었다.

당시 나는 식사를 가벼이 여겼던 것이다. 식사보다 더 중요한 일이 있으니 조금은 굶어도 상관없다고 생각했던 것이다. 제대로 식사를 하는 것만으로도 불안이 완화되었다. 정신과 육체는 밀접하게 연결되어 있음을 다시금 실감했다.

자신에게 맞는 건강법을 찾아 실천한다

몸 상태를 정돈하는 데에는 온천에 들어가는 것도 효과적이다. 온천에 갔을 때를 떠올려보면 이해가 쉽다. 온천에 몸을 담그고 불쾌해지는 사람은 거의 없다. 뜨끈한 물에 몸을 담그는 순간 얼굴 근육이 풀리며 표정이 느슨해진다. 이는 온천물에 들어가면서 몸 상태가 정돈되어 기분 좋은 나른함이 찾아오는 것이다.

기분이 어떤지는 아주 중요하다. 똑같은 사람이라도 기분 상태가 어떤지에 따라 생각이 바뀌기도 한다. 기분이 나쁘면 이성적인 사고에 악영향을 끼쳐서 업무상 잘못된 판단을 해버리는 경우도 있다. 그러므로 평소에 좋은 기분이 유지되도록 신경 쓰는 게 중요하다.

기분 좋은 상태를 유지하는 데에도 온천은 효과적이다. 하지만 매번 온천 여행을 훌쩍 떠날 수는 없다. 좀 더 간편한 방법은 욕조에 들어가는 것이다. 그것만으로도 기분이 좋아지고 컨디션도 나아진다. 술을 좋아한다면 적당한 음주도 기분을 좋게 해줄 것이다. 몸 상태는 기분과 연결됨을 늘 염두에 두자.

현재 건강법으로 호평인 요가도 추천한다. 나는 스무 살 때부터 요가책을 읽었고 센터에 가서 실제로 배운 적도 있다. 요가를 하면 자신의 몸을 인지하는 법을 알 수 있다. 어떤 자세를 취하는지, 어떤 기분이 되는지, 어떻게 손을 잡는지, 어떻게 느끼는지… 그런 느낌도 요가를 하면 알 수 있다.

요가에서 특히 중요한 것은 호흡이다. 깊이 들이마시고 내뱉는 행위 속에서 지금을 살고 있음을 느끼고 괴로운 생각이나 불필요한 것을 뱉어버린다는 이미지로 호흡하면 마음을 정돈할 수 있다.

저마다 자신의 건강에 대해 '이렇게 하면 건강해진다', '이 리듬으로 생활하면 컨디션이 좋다'와 같은 스타일을 알고 있으면 좋다. 나는 밤 10시 전에 헬스장에서 가볍게 운동하고 욕조와 사우나에 들어가는 '40분 사이클'이 있다. 이 사이클대로 생활하면 몸과 마음이 차분히 정돈된다.

"건강은 틀림없이 이 세상에서 가장 중요하다."라고 말한 데카르트의 의견에 이견이 있는 사람이라도 일하려면 건강이 중요하다는 데에는 이견이 없을 것이다. 즐겁고 건강하게 일하기 위해서라도 저마다 자신의 건강법을 찾길 권한다.

3장

논리적 사고력을 키우는 '네 가지 규칙'

어려운 문제는 작게 분해하라

18

사고는 네 가지 규칙으로 정리할 수 있다

"법률의 수가 몹시 많으면 자주 악덕에 구실을 주기 때문에 국가는 지극히 소수의 법률이 준수될 때 훨씬 더 수월히 통치된다. 마찬가지로 논리학을 구성하는 엄청난 원칙 대신 단 한 번이라도 누락된 적이 없는 견고하고 불변인 결심을 하면 다음의 네 가지 규칙으로 충분하다고 믿었다." - 『방법서설』

증명된 사항 이외에는 받아들이지 않는다

3장에서는 데카르트의 사고법을 자세히 살펴보겠다. 그 요점은 네 가지인데, 데카르트는 이것만 알면 충분하다고 서술하고 있다. 열 가지, 스무 가지가 나열된 게 아니라 네 가지로 충분하다고 하다니, 참으로 데카르트답다. 딱 필요한 부분만 좁혔으니 말이다.

네 가지를 정리하면 다음과 같다.

① **명증성의 규칙** : 근거나 증거를 명시하고 증명 가능한 사항 이외에는 받아들이지 않는다. 주의 깊게 생각하고 속단과 편견은 피한다.

② **분석의 규칙** : 난제를 이해하기 위해 그 난제를 작게 분해한다.

③ **종합의 규칙** : 사고는 순서를 세워 진행한다. 단순한 것부터 복잡한 것 순으로 생각한다.

④ **검증의 규칙** : 마지막으로 모든 것을 검증하고 빠뜨린 게 없는지 재검토한다.

네 가지 규칙을 이해하고 습관화하면 논리적 사고가 가능하다는 게 데카르트의 주장이다.

그뿐만 아니라 이 네 가지 규칙을 제대로 익혀 실천할 수 있게 되면 정보에 적확하게 마주할 수 있고 업무 개선, 업무 개혁으로 이어질 수 있다. 이제 네 가지 규칙을 하나씩 살펴보자.

19

명증성의 규칙
속단과 편견을 버리고 명확하게 판단한다

"첫째, 내가 명증적으로(아무런 증명이 필요 없을 정도로) 참이라 인정하지 않으면 어떤 것도 참이라고 받아들이지 않는 것이다. 바꿔 말하면 주의 깊게 속단과 편견을 피하는 것, 그리고 의심을 품을 여지가 전혀 없을 정도로 명석한 동시에 판명된 대로 나타나는 것 이외에는 무엇도 내 판단 안에 포함시키지 않는 것." - 『방법서설』

경솔한 판단을 피한다

데카르트의 주요 사고법 첫 번째는 '명증성의 규칙'으로 불린다. 편견은 저지르고 속단 저지르기 나쁜 것은 이니지만 이무런 고려 없이 경솔한 판단을 내리는 것은 피해야 한다.

나는 패널로서 20년 가까이 TV프로그램에 출연했지만 내 발언이 문제가 된 적은 거의 없다. 진중하게 주의를 기울이며 발언하려고 신경 썼기 때문이다.

예를 들어 '이 사건에 대해 지금 시점에서 이렇게 보이므로 아마 이럴 것이다'라고 생각해도 그대로 말하면 다음 주에는 방향이 바뀌는 경우도 있다. 그러한 사태도 예측하지 않고 안이한 발언을 하면 비판을 당하게 된다.

그럼에도 '현시점에서의 정보를 바탕으로 하면 이렇지 않을까' 라는 식으로 말하면 아직은 괜찮지만 이후 전혀 다른 정보가 나오면 자신의 발언이 틀린 정보를 근거로 한 경우, 더 큰 비판을 당하는 사태가 될 수 있다. '주의 깊게 속단과 편견을 피하는 것'은 대중매체에서 전문적인 의견을 내놓는 사람이라면 반드시 기억해야 할 내용이리라.

개인적인 발언도 공적인 발언으로 판단된다

SNS가 보급된 오늘날 많은 사람이 본 것, 느낀 것, 생각한 것을 매일같이 웹에 올리고 있다. 그중에는 업무에 관한 것을 올리는 사람도 꽤 있다. 간혹 "여기에서의 발언은 내가 소속된 조직과는 전혀 관계없습니다."라고 적는 사람도 있는데, 내용이 업무, 고객, 거래처와 관련 있을 경우, '소속된 조직과 관계있잖아?' 하고 받아들이는 사람도 있을 것이다.

'공인'이란 일반적으로 공무원이나 의원 등 공직에 적을 둔 사람이지만 달리 생각해보면 일하는 사람은 모두 공인이라고 할 수 있다. '이 SNS는 개인적인 내용을 올리고 있다'라고 적혀 있지만, 내용이 업무에 관련된 것이라면 그것은 그 사람이 소속된 조직의 발언이라고 받아들여지기 쉽다. 개인적인 발언이라도 공적인 발언이 돼버리는 것이다.

SNS 시대인 지금, 모든 사람이 발언의 힘을 갖게 되었다. 다시 말해 모든 사람이 자신의 발언에 책임을 가지지 않으면 안 되는 상황이 됐다. '주의 깊게 속단과 편견을 피하는' 자세가 오늘날의 현대인에게 필요하다.

미디어의 보도를 시시비비로 판단한다

'내가 명증적으로 참이라 인정하지 않으면 어떤 것도 참이라고 받아들이지 않는 것', '주의 깊게 속단과 편견을 피하는 것'을 제대로 이해하고 있으면 정보를 받아들이는 자세도 바뀐다.

예를 들어 신문이나 TV에서 뉴스를 보고 '이 기사가 실린 것은 ○○신문이니까 신용할 수 없어'라든지 '△△방송국은 글렀어. 편파 방송이야' 하고 생각하는 사람이 있다. 이런 생각은 명증적으로 참인지, 편견은 아닌지를 생각해보면 참이 아닌 편견인 경우도 있다.

중요한 것은 ○○신문이니까 좋지 않다, △△방송국이니까 글렀다는 생각이 아니라 기사든 방송이든 시시비비로 판단하는 것이다. 좋은 것은 좋고 나쁜 것은 나쁘다고 일일이 개별적으로 판단하는 자세가 아주 중요하다.

'이 기사는 한쪽 입장만 보고 있는 게 아닐까? 좀 더 다른 시각도 있을 텐데…. 하지만 이 기사는 공부가 되는군. 몰랐던 국제문제를 알 수 있었어.'

'오늘 뉴스를 다루는 방식은 가해자 입장에 치우쳐 있는 것 같다. 가해자 입장에서 생각하면 좋은 시점으로 볼 수 없어. 하지만 이 방송은 매번 몰랐던 것을 알려주는구나. 덕분에 정보에 능통해졌어.'

이처럼 '그건 그거고, 이건 이거다' 하고 냉정하게 생각하고 같은 미디어를 보더라도 개별적으로 판단하는 태도가 중요하다.

공정한지 불공정한지를 판단 기준으로 한다

애덤 스미스는 저서 『도덕 감정론』에서 다음과 같이 강조하고 있다.

"공정한 심판을 자기 나름대로 가져야 한다. 공정한 제삼자가 봐도, 이렇게 판단하는 게 바람직하다는 기준을 마음속으로 가지고 행동한다. 이 태도는 사회 전체에 필요하다."

일반적으로 '보이지 않는 손'이라는 용어와 자유주의 경제학자로 알려진 애덤 스미스는 원래 논리학자로 불려야 할 인물이다. 사람은 무엇을 선으로 하고 어떻게 살아야 하는지를 중심에 두고 연구했기 때문이다. 다음은 그의 주장이다.

"인간은 모두 제멋대로 살기 쉽다. 하지만 그러면 안 된다. 그러므로 공정하고 중립적인 제삼자의 시점을 가져야 한다. 그리고 자신이 교활한 일을 하지 않는지 점검하는 기능을 자신 안에 가져야 한다."

데카르트는 "내가 명증적으로 참이라고 인정할 수 없으면 어떤 것도 참이라고 받아들이지 않는다."라고 했는데, 이는 공정한 것도 명증적으로 참이라고 보는 사상이다. 공정하지 않은 것을 참이라고 생각할 수는 없기 때문이다.

불공정한 것은 참으로 받아들이지 않는 자세를 가지는 게 중요하다. 공정한지 불공정한지, 즉 도의적으로 올바른지, 올바르지 않은지를 판단의 기준에 두면 과오를 범하는 것을 상당히 줄일 수 있으리라.

신변을 우선으로 하는 태도는 자신도 회사도 망친다

일하면서 잘못된 판단을 하는 원인 중 하나로 '신변을 우선으로 하는 태도'가 있다. 인간에게는 누구나 자신을 지키려는 본능이 있다. 그 본능이 너무 강하게 나오면 업무상 불상사가 일어나는 등 위기 상황에서 잘못된 판단을 하게 된다.

가령 명백한 실수가 있었음에도 불구하고 고객한테 사죄하기보다 변명하거나 사실을 왜곡해 전한다. 이러한 일이 일어나는 배경에는 신변을 우선으로 하려는 마음이 있기 때문이다.

그러나 오늘날에는 자신의 죄를 인정하지 않으려는 사람에게 쏟아지는 시선이 예전보다 늘어났다. 그래서 신변을 우선으로 하는 태도를 취하기 어려워졌다. 사건을 일으키고 사죄하는 기자회견을 열었는데 시종일관 변명이라면 역효과다. 특히 인터넷에서 총공격을 받을 것이다.

죄를 인정하지 않고 신변을 우선시하는 태도를 보이면 불에 기름을 붓는 사태가 되어 그 사람은 물론 회사도 회복하는 데 시간과 노력을 많이 들여야 할 것이다. 그러므로 처음부터 솔직하게 공정한 태도로 대응하는 게 좋다.

신변을 우선으로 하는 태도 이외에 질투심과 열등감도 경계해야 한다. 질투심과 열등감도 점점 판단을 흐리게 만든다. 업무상 판단을 할 때는 이런저런 감정은 필요 없다. 공명정대하게 판단하고 실행하는 게 좋다.

평가에 대해서는 논거를 보인다

현대는 다양한 일에 투명성을 요구하는 시대이기도 하다. 대학에서도 평가에 대한 투명성을 이전보다 훨씬 더 요구하고 있다.

가령 어떤 위원회에서 "이 학생에 대한 평가는 어떻게 해서 나온 겁니까?"라고 추궁을 당할 때 교수는 "이러이러한 테스트에서 몇 점을 받았고, 결석이 몇 번 있어서 감점이 몇 점 있었습니다. 이와 같은 이유로 총 몇 점입니다."라고 명료하게 대답해야 한다.

학생한테서 "어째서 내 점수는 이 정도밖에 안 됩니까?"라는 질문을 받았을 때도 마찬가지다. 그 이유를 확실히 답할 수 있어야 한다. 학생들에게서 평가 내용에 대한 개시청구를 받은 경우에는 논거를 확실히 보여줄 필요가 있다.

투명성이 요구되는 시대에 개인적인 감정이 들어간 평가는 용납되지 않는다. 과거에는 용납되었다는 게 아니라 평가에 대한 명료성이 이전보다 훨씬 요구된다는 것이다.

투명성이 요구되는 것은 기업에서도 마찬가지다. '개인적으로 친분이 있으니까', '어떤 지시를 내려도 잘 따라주니까', '나를 좋게 생각하니까' 등 개인적인 감정으로 직원을 평가하는 건 용납

되지 않는다.

　인사평가에서도 '주의 깊게 속단과 편견을 피하는 것, 그리고 의심을 품을 여지가 전혀 없을 정도로 명석한 동시에 판명된 대로 나타나는 것 이외에는 무엇도 내 판단 안에 포함시키지 않는 것'을 염두에 둔 태도를 취해야 한다.

◈ 명증성의 규칙

✕ 속단과 편견으로 생각한다.

△△신문   □□신문

NEWS   NEWS

◯ 명증적으로 참인지를 생각한다.

NEWS
△△신문

기사A   기사B   기사C   기사D

🕐 ?   🕐 ?   🕐 ?   🕐 ?

속단과 편견을 피해 각각 생각한다.

진실   거짓   진실   거짓

20

분석의 규칙

큰 문제는 작게 분해하여 생각한다

"둘째, 내가 검토하는 문제를 일일이 가능한 한 많이 분해한다. 이때 문제를 더 잘 이 해하기 위해 필요한 만큼 작은 부분으로 분해한다." - 『방법서설』

분해해서 생각하면 패닉 상태에 빠지지 않는다

데카르트의 주요 사고법 두 번째는 '분석의 규칙'이라고 불린 다. 난제를 이해할 때에는 그 난제를 작게 분해해서 해결하면 쉽 다는 의미다. 예를 들어 큰 사고가 일어났을 경우, 요소가 너무 많 아서 뭐가 뭔지 알 수 없을 때가 있다. 혼란 상태, 이른바 패닉 상 태에 빠지게 된다. 그때 우선 문제를 작은 부분으로 나눠 생각해 보면 점점 시야가 열리게 된다. 오리무중으로 멍한 상태에서 한

데카르트가 21세기의 회사원이었다면?

걸음, 또 한 걸음 앞으로 나아가는 감각이다.

예를 들어 열차 사고가 일어났다고 했을 때 차량은 어떠했는지, 브레이크는 어떠했는지, 레일은 어떠했는지, 날씨는 어떠했는지 등 하나하나 점검해나가는 거다. 그러면 이건 문제없었다, 이건 문제없었다, 이건 문제없었다…, 계속 확인하다 보면 '문제는 이거였어!' 하는 부분을 발견할 수 있다.

문제를 발견해 그 부분을 자세하게 살피면 더욱 확실한 문제점을 찾을 수 있다. 가령 문제는 차량이었다는 걸 알게 되었어도 차량의 무엇이 문제였는지 더 나눠서 생각해보면 본질적인 문제점이 드러나게 된다.

대규모 업무도 작게 나눠서 생각한다

평상시 업무로 생각해보자. 예를 들어 대규모 프로젝트의 리더를 맡았다고 했을 때 '이거 큰일인데? 도대체 어떻게 진행해야 하지?' 하고 어찌할 바를 몰라 할지도 모른다.

그때 대규모 프로젝트를 A, B, C 등 작은 주제로 나눠서 생각해보면 해야 할 일이 보일 것이다. 그런데도 진행이 어렵다면 A-1, A-2, B-1, B-2, B-3, C-1, C-2 등으로 더 나눈다. 그러면 시야가 훨씬 넓어져서 일 진행이 쉬워질 것이다. A-1은 누구에게, A-2는 누구에게…, 이런 식으로 부하나 동료에게 일을 분배한다.

어떤 프로젝트를 실시하고자 팀을 편성했는데 도무지 잘 굴러가지 않는 경우도 있다. 이때 팀 전체가 나쁜 게 아니라 어떤 사람(무리)과 어떤 사람(무리)의 연대가 나쁘기 때문에 프로젝트가 삐걱거릴 수 있다.

그럴 때 원인 해결을 위해 팀 리더가 인물 상관도나 담당 관계도 같은 것을 그려서 하나씩 확인하는 방법도 있다. 그러면 '여기와 여기의 연대는 좋고, 여기와 여기도 좋다. 문제는 여기!' 하고 연대가 나쁜 부분을 찾을 수 있다. 이런 사고법도 데카르트의 '분석의 규칙'을 활용한 것이다.

과학적으로 생각한다

'분석의 규칙'은 수학적인 사고법이다. 수학에는 명증적인 일이 요구된다. 사람에 따라 사물을 보는 방식이 다른 것은 수학으로 설명할 수 없다. 누가 어떻게 생각해도 똑같은 것은 수학으로 설명할 수 있다.

예를 들어 $[E=mc^2]$은 누가 봐도 $[E=mc^2]$이다. 이는 아인슈타인이 고안한 공식으로 에너지$[E]$는 질량$[m]$과 빛의 속도$[c]$의

제곱을 곱한 값과 같다는 걸 나타낸다.

질량은 무게와 비슷한 의미이므로 에너지와 관계없다고 생각하는 사람이 있을지도 모르는데, 무게가 있는 것 중에 원자가 격렬하게 운동한다고 생각하면 질량 자체가 에너지라는 걸 알 수 있을 것이다. 이러한 생각을 아인슈타인은 [$E=mc^2$]이라는 간단한 수식으로 나타냈다.

수학적 의문은 난해한 것이 많아 어려울 것 같지만, 난해하고 복잡한 의문도 작은 사항으로 나누면 해결하기 쉬워진다. 수학은 기본적으로 복잡한 문제를 정리해서 작은 것으로 나눠 이해하는 학문이라고 할 수 있다.

데카르트가 '검토하는 문제를 일일이 가능한 한 많이 분해한다. 이때 문제를 더 잘 이해하기 위해 필요한 만큼 작은 부분으로 분해하기'를 사고의 기준으로 삼은 것은 그가 수학자인 것과 밀접한 관련이 있으리라.

❖ 분석의 규칙

큰 문제를 작게 분해한다.

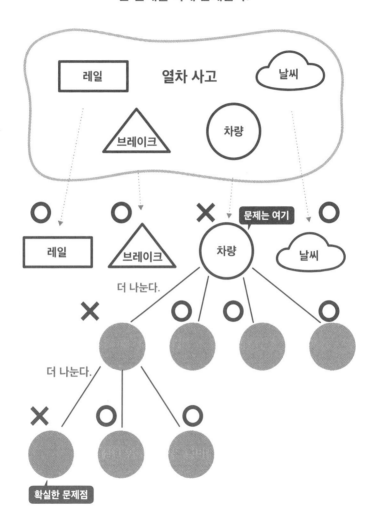

21

종합의 규칙
계단을 오르듯 체계적으로 일한다

"셋째, 내 생각을 순서대로 이끌어가는 것. 그것은 가장 단순하고 인식하기 쉬운 것부터 시작해 조금씩 단계를 높여 좀 더 복잡한 것의 인식으로 높여가서 자연스럽게 서로 전후의 순서가 연결되지 않는 틈조차도 순서를 상상해서 나아가는 것이다."
- 『방법서설』

가장 단순하고 쉬운 일부터 착수한다

데카르트의 주요 사고법 세 번째는 '종합의 규칙'이라고 불린다. 어떤 사물을 받아들일 때 단순하고 쉬운 것부터 착수하고 복잡한 순으로 나아간다는 것이다. 업무 절차에도 이 사고법을 적용할 수 있다.

예를 들어 눈앞에 세 가지 일이 있을 때 규모가 크고 어려워 보이는 일부터 착수하면 다른 두 가지 일에 몰두할 시간이 부족해서 결국 세 가지 모두 기한 내에 끝내지 못할 수 있다.

그런데 가장 단순하고 쉬운 일부터 착수하면 그 일은 수월하게 끝날 테고 산뜻한 기분으로 다음 일로 넘어갈 수 있다. 두 번째로 어려워 보이는 일에 착수하고 그것도 끝나면 뿌듯할 것이다. '좋아, 이번에는 마지막 일을 시작해보자!' 하고 긍정적인 마음이 된다. 가장 복잡하고 곤란한 일이라도 그런 마음으로 대하면 원활하게 진행될 가능성이 높다.

'2% 부족한 사원'은 정말 2% 부족일까?

'종합의 규칙' 사고법은 다음과 같은 경우에도 활용할 수 있다. 예를 들어 '올해 신입사원은 모두 2% 부족해. 도대체 어떻게 된 거야?' 같은 상황이라고 하자. 나도 '올해 신입생은 어떻게 된 거지?' 같은 생각을 한 적이 있다. 이 경우 단순한 문제부터 생각하면 해결할 수 있다.

올해 신입사원이 2% 부족하다고 생각하는 이유를 차분히 생각해보면 애초에 의욕이 없다는 걸 알게 됐다고 하자. 그러면 우선 밝은 얼굴로 인사하게 한다는 목표를 세운다. 이는 단순한 목표이므로 신입사원이라도 간단히 할 수 있다. 다음에는 가령 그날 업무를 간단히 보고하도록 하는 걸 목표로 한다. 1개월간 매일 서

면이나 구두로 그날의 업무를 간단히 보고하도록 한다. 이 또한 그다지 어려운 일이 아니므로 신입사원이라도 제대로 할 수 있으리라.

그렇게 계획을 짜보면 '올해 신입사원은 모두 2% 부족해'라는 생각이 '아, 그게 아니네. 모두 잘해내잖아?' 하고 평가가 바뀔 것이다.

업무를 원활하게 진행하려면 단순하고 쉬운 것부터 착수하면 좋다. 이는 실제로 그 일을 해나가는 사람에게도, 지시하는 사람에게도 득이 되는 방법이다.

허리를 세우고 신발을 가지런히 놓는 일의 중요함

교육자 모리 신조는 초등학교 1학년 때 배운 것은 '허리를 세우는 것'과 '신발을 가지런히 하는 것'뿐이라고 말했다. '허리와 신발? 무슨 말이지?' 하고 고개를 까우뚱할지도 모르겠다. 이는 구체적이고 본질적인 의견이라고 생각한다.

일반적으로 초등학교 1학년은 국어, 덧셈뺄셈, 인사법 등 여러 가지를 배운다. 물론 그러한 일을 익히는 것도 중요하지만, 우선은 허리를 세우고 신발을 가지런히 하는 것이 몸에 배야 한다는 게 모리 신조의 말이다.

허리를 세우라는 가르침은 '바른 자세 교육'이다. 항상 허리를 세워 굽어지지 않도록 하면 의욕이 생기고 집중력이 높아지며 정신이 맑아져 좋다고 한다.

그리고 모리 신조는 신발을 벗고 집에 들어갈 때 신발을 가지런히 하는 것이 중요하다고도 했다. 신발을 매일 가지런히 함으로써 마음을 정돈할 수 있다는 것이다.

업무에 있어서도 단순하고 습득하기 쉽지만 중요한 습관이 있을 것이다. 그러나 그것은 의외로 몸에 배지 않는다. 우선은 단순해도 중요한 업무의 기본 등을 제대로 몸에 익히는 게 중요하다.

❖ 종합의 규칙

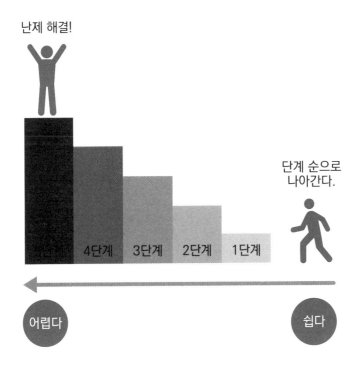

난제 해결!

단계 순으로
나아간다.

4단계　3단계　2단계　1단계

어렵다

쉽다

POINT

◎ 순서를 세워 생각을 진행한다.
◎ 단순한 것, 쉬운 것부터 시작한다.
◎ 단계를 올라가는 것처럼 점점 복잡한 것, 어려운 것으로
　 차례차례 나아간다.

22

검증의 규칙

전체를 헤아려보고 빠뜨림 없이 진행한다

"마지막은 모든 경우에 완전한 검증과 전체에 걸친 점검을 해서 아무것도 누락되지 않았음을 확신하는 것이다." – 『방법서설』

'검증의 규칙'으로 업무는 완결된다

데카르트의 주요 사고법 네 번째는 '검증의 규칙'으로 불린다. 기본 사고법 네 가지 중 마지막 사고법이다. '검증'이란 셀 수 없이 많은 것을 하나하나 세어나가듯이 해야 한다. 즉 데카르트의 말은 '마지막에 모든 것을 검토하여 누락됨이 없는지 확인'하라는 것이다.

지금까지 데카르트가 말한 바를 정리하면 다음과 같다.

- 근거나 증거를 명시하고 증명 가능한 사항 이외에는 받아들이지 않는다. 주의 깊게 생각해 속단과 편견은 피하자. (명증성의 규칙)
- 난제를 이해하고 싶으면 그 난제를 작게 분해하자. (분석의 규칙)
- 사고(업무)는 순서를 세워 진행하자. 단순한 것부터 복잡한 것 순으로 진행해 나가자. (종합의 규칙)
- 모든 것을 검증하여 누락하지 않았는지 재검토하자. (검증의 규칙)

이 네 가지 방법을 제대로 습관화하면 업무능력이 더 좋아질 것이다.

체크 박스를 활용한다

'아무것도 누락되지 않았음을 확인'하려면 확인해야 할 모든 사항을 종이에 적거나 컴퓨터로 체크 박스를 만들어 확인하는 게 좋다. 한두 개라면 괜찮지만 어느 정도 항목 수가 많으면 머릿속으로만 확인했을 때 작업의 정확도가 떨어지기 때문이다.

내가 근무하는 대학의 사무직원 중에 우수하다 평가받는 사람이 있다. 그 사람은 교수들이 판단해야 할 항목을 종이에 전부 열거해서 나눠준다. 그 종이에는 체크 박스도 있어서 교수들이 무엇을 어떻게 하면 좋은지 판단하기 쉽고 판단 항목을 빠뜨릴 일도 없다.

예를 들어 회의에서 사회자를 맡았다고 하자. 사무직원이 '이 건의 기한은 언제까지입니까?', '이 항목은 작년과 동일해도 괜찮나요?' 등 하나씩 확인해주는 것만으로 진행이 꽤 수월하다. 사무직원이 우수하면 회의 진행이 훨씬 쉬워진다.

'시험 완료 5분 전의 확인'과 비슷하다

계약할 때에는 체크 박스가 있는 서류로 서로 중요 항목을 확인하는 것이 좋다. 예를 들어 집을 짓는 것 같은 중요한 계약이라면 서로 착각하는 부분이 있으면 큰일이다. 그런 일을 피하기 위해서라도 '이것은 확인했습니다', '이것은 확인했습니다'…, 하고 하나씩 체크를 해나가면서 서로 확인해야 한다. 이 작업을 거치지 않으면 나중에 '설명했다', '설명을 듣지 못했다', '확인했다', '확인하지 않았다'라며 말이 달라지는 문제가 일어나기 쉽다.

체크 박스에 체크를 한 후 고객의 서명을 받으면 '말했다', '못 들었다' 같은 불필요한 실랑이를 피할 수 있고 업자 측은 설명 책임을 다할 수 있다. 중요한 계약을 할 때 관계자는 서로 검토하고 확인하는 게 중요하다.

생각해보면 나는 초등학생 때 '점검해보자'라는 말을 자주 들었다. 수학 계산 문제는 '검산해보자'라는 말을 들었고, 시험을 볼 때는 대강 해답을 다 적은 후에 '5분 남았으니 다시 한번 검토해보자' 같은 말을 들었다. 그렇게 검토하면 부주의한 실수를 상당히 줄일 수 있다. '완전한 검증과 전체에 걸친 점검'을 못하는 사람은 초등학생 때 '검산'이나 '시험 5분 전 검토'를 떠올려보자. 확실히 확인하는 습관을 익히도록 하자.

❖ 검증의 규칙

머릿속으로만 확인하지 않는다. 체크 박스로 정리한다.

전체에 걸쳐 점검하고 열거해서 누락이 없도록 한다.

4장

판단력을 키우는
'세 가지 기준'

망설여진다면 같은 방향을 향해 똑바로 전진하라

23

$$\boxed{\text{기준 1}}$$

궤도 수정이 쉽고 온건한 길을 선택한다

"첫 번째 준칙은 조국의 법률과 관습에 따르는 것이다."
"나는 동등하게 받아들이는 몇 가지 의견 중 가장 온건한 것만을 고른다."
– 『방법서설』

'회색'도 피한다

위 문장에서 '준칙'은 '행위의 기준'이니 '행동의 규칙(지침)'으로 바꿔 말할 수 있다. 넓게는 '행복하게 살기 위한 기준'으로, 비즈니스 종사자로서는 '업무를 진행할 때 중요한 기준'으로 파악할 수 있다.

첫 번째 준칙은 '업무의 중요한 기준', 넓게는 '행복하게 살기 위한 기준'이다. "조국의 법률과 관습에 따른다."는 오늘날로 말하면 '법령 준수'와 거의 같은 말이다.

법령을 준수하는 것은 당연하지만 개중에는 법을 지키지 않는 사람도 있다. 법률 위반이 아니더라도 도의적으로 문제가 있는 언행도 있다. '이건 회색이다. 검은색은 아니다'라고 주장하는 사람도 있지만 언행을 검은색, 회색, 흰색으로 나눈다면 검은색은 물론 '회색도 피해야' 한다.

'의심스럽다고 벌을 줄 수는 없다'는 무죄 추정의 원칙은 헌법에도 나와 있는데, 실제로는 의심스러우면 벌을 줄 가능성이 제로는 아니다.

예를 들어 기억이 없는데 치한으로 몰리는 사람도 있다. 일단 의심이 들면 하지 않았음을 증명하는 데 엄청난 에너지를 쏟아야 한다. 그것을 생각하면 처음부터 '회색'도 피하는 태도를 취하는 게 현명하리라.

관습을 따르며 살면 실수가 적다

관습이란 어느 지역에서 일반적으로 행해지는 전통적인 행동 의식으로, 쉽게 말하면 지금까지 모두 해온 일이다. 그러므로 관습에 따르는 한 누군가에게 비판받는 일은 거의 없다고 할 수 있다. 물론 관습이 모두 좋다고 말할 수는 없다. 현대에 맞지 않아

바뀌어야 할 관습도 있다. 다만 기본적으로 관습에 따르는 편이 살기 편한 게 현실이다.

이슬람교도에게는 이슬람교도의 관습이 있다. 예를 들어 그들은 하루 다섯 번, 성지 메카를 향해 절한다. 비이슬람교도가 '이해할 수 없어도' 이슬람 사람들에게는 그 행위가 신성하고 매우 중요한 것이다. 이슬람교도는 이슬람 세계에 있는 관습에 따라 생활하면 정신이 안정되고 사회의 질서도 정돈될 것이다.

한편 사회의 변화에 따라 통용되지 않는 관습도 있다. '어른이 따라주는데 술을 마셔야지' 하고 음주를 강요하거나 '상사가 권하는 술은 거절하면 안 된다'는 식의 관습은 과거에는 통용되었을지 몰라도 지금은 어느 회사에서도 허용되지 않는다. 직장 내 괴롭힘으로 분류되는 행위다.

관습은 시대나 지역에 따라 다르고 바뀌어야 할 관습도 있다. 이를 안 다음에 관습을 존중하며 살아가면 좋다.

운을 하늘에 맡기는 인생은 실패한다

데카르트는 온건한 의견이 좋다고 했다. 『방법서설』에는 다음의 서술도 찾아볼 수 있다.

온갖 극단(極端)은 나쁜 게 통상적인 예이고, 온건한 의견은 실행했을 때 항상 수월했다. 아마 최선일 테다.

온건한 의견에 따르면 실패한 경우에도. 양극단의 한쪽을 고른 뒤 다른 쪽을 선택했어야 했음을 알았을 때보다 참의 길에서 벗어남이 적다.

극단적인 의견이나 언행은 좋지 않고 온건한 의견이나 언행을 취하라는 의미다. 이는 중용의 정신으로도 볼 수 있다. '운은 하늘에 맡긴다. 일단 해보자'라는 식의 도전은 대개 잘 풀리지 않는다. 잘 풀린다고 해도 그것은 얻어걸린 것일지도 모른다. '운을 하늘에 맡겨서' 이루어진 성공은 그 이후의 업무에서 계속 성공하기 어렵다.

상당히 합리적인 사고를 하는 데카르트는 극단적인 길을 선택하면 실패했을 때 수정하기 어렵다고 생각했다. 확실히 그렇다. 오른쪽인지 왼쪽인지 알 수 없을 때 중간쯤의 길을 고르면 어느 쪽이 정답이든 그 길로 방향을 틀기 쉬울 것이다.

안정감이 있는 일을 해서 행복감을 느끼면서 지내려면 법률과 관습에 따르고 온건한 언행을 취하며 살아가는 게 바람직하다.

자신의 자유를 침범하는 약속은 기본적으로 하지 않는다

데카르트는 "특히 나의 자유를 조금이라도 침범할 것 같은 약속은 모두 극단적인 부류에 넣는다."라고 『방법서설』에 기술했다. 지금으로부터 400년 전 인물인 데카르트가 자유를 침범하는 약속은 하지 않는다고 말한 것이다. 프랑스혁명이 일어나기 150년 전인 걸 감안하면 참 놀라운 일이다.

젊은 세대 중에는 이 부분을 특히 공감할 것 같다. 예를 들어 반강제로 회식에 참여하게 됐을 때 신입직원들은 '자유를 침범당했다'라고 생각하는 사람이 많을 것이다. "오늘은 다 같이 한잔 하러 갑시다." 하고 술자리를 권하는 것을 온건한 행위가 아닌 '극단적인 부류'로 여겨 기피하는 신입직원도 많다.

자신의 자유를 침범한다는 느낌은 자유롭게 판단할 수 없다고 생각할 때 생긴다. 이 상태를 피하고 싶고 자유로운 판단력을 유지하고 싶어 하는 젊은 사람이 대부분이다.

오늘날은 점점 자유를 침범하는 약속은 하기 않는 방향으로 나아가고 있다. 그렇다고 해도 헷갈릴 때는 있다. 이 모임에는 나가는 편이 좋은지, 나가지 않는 편이 좋은지…. 그럴 때 자유를 침범하는지 여부를 기준으로 삼으면 조금 판단이 쉬워질 것이다.

나는 과거에 무직이었을 때 어느 술자리에 참여했는데, 그곳에서 "사이토 군, 메이지 대학의 교수 자리가 공석이래."라고 가르쳐준 사람을 만났다. "알고 있었어?"라고 묻기에 "아뇨, 전혀 몰랐어요."라고 답했더니 "그래? 한번 지원해보면 어때?" 하고 독려해주었다. 그때 지원해서 채용되었기에 지금 이 자리에 있는 것이다. 그 술자리에 참가했던 게 정답이었던 거다.

마시고 대화함으로써 얻을 수 있는 세계도 있다

요즘 젊은 사람들은 회식을 '자유를 침범하는 것'이라고 생각할 테지만, 내가 젊었을 때만 해도 '좋아서' 회식을 하는 경우가 많았다. 자유를 침범하든 어떻든, 술 마시는 자리 그 자체는 이른바 자유의 상징 같은 것이 아닐까.

술을 마시면서 사람과 친해지고 정보도 얻을 수 있어서 오히려 평소보다 더 자유로운 자리였다. 나는 메이지 대학에 지원하는 계기가 되기도 했고 말이다.

SNS 시대이다 보니 오프라인상의 사람하고 이야기하는 게 불편한 사람이 있을지도 모른다. 인터넷 세계에만 연결되어 있는 게 편하고 그편이 더 자신의 자유를 지킬 수 있다고 생각할지도 모른다. 다만 업무 이외에는 인터넷 세계뿐이라고 하면 시야가 좁아지고 오히려 자신의 자유가 줄어들 가능성이 있다.

얼핏 자신의 자유를 침범하는 듯한 약속도 거꾸로 생각해보면 자유를 넓혀줄 계기일 수 있다. 그런 시각을 가지는 게 더 좋지 않을까.

◈ 판단의 기준 1

법령을 준수한다.

회색도 피한다.

온건한 길을 고른다.

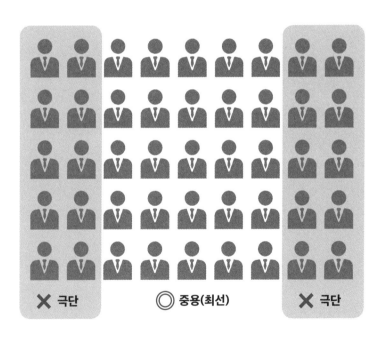

데카르트가 21세기의 회사원이었다면?

24

`기준 2`

한번 결정하면 일관되게
끝까지 밀고 나간다

"나의 두 번째 준칙은 자신의 행동에 있어 가능한 한 확고함으로 결단을 내리고, 어떤 의심스런 의견이라도 한번 그것으로 결정한 이상 지극히 확실한 의견일 때 못지않게 일관되게 따르는 것이다." - 『방법서설』

숙려 후 단행으로 길이 열린다

데카르트는 조금이라도 의심되는 것은 저부 배제함으로써 확실한 원리를 찾으려고 했다. 하지만 행동 규칙에 대해서는 한번 정했으면 일관되게 따르는 것이 좋다고 생각해서 이른바 숙려단행이 좋다고 여겼다.

'숲속에서 길을 잃은 여행자'의 예를 들며 이쪽저쪽에 가고, 뱅글뱅글 헤매며 걸어서는 안 되고, 쉼터에만 머물러서도 안 된다고 설명했다. 같은 방향을 향해 계속 곧게 나아가는 게 좋고 특별한 이유도 없이 방향을 바꿔도 안 된다고 했다. 그러면 어쨌든 숲을 나올 수 있다는 것이다.

우리의 마음은 무슨 일이 있으면 동요하기 쉽다. '좋아, 이 방법으로 해보자' 하고 행동해도 조금 실패하거나 누군가에게 부정적인 말을 들으면 금세 불안해지고 결정을 후회하거나 변경하는 일도 종종 있다.

이런 일이 계속되어 익숙해질수록 업무 성과를 내는 게 어려워질 것이다. '이것도 안 돼, 이것도 안 돼'라는 식으로는 결국 무엇도 이루지 못하고 끝나버리게 된다.

데카르트는 한번 결정했으면 일관되게 해낸다고 했다. 이 각오는 지금을 사는 현대인에게 부족한 면인 것 같다. 정신력이 약하고 침착하지 못하고 타인의 의견에 금세 휩쓸리는 사람이 많은 듯하다. 숙려단행의 태도는 지금의 우리에게 필요한 게 아닐까.

결정한 이후에는 끝까지 한다

"어느 것이 좀 더 참된 의견인지 분간하는 능력이 우리에게 없을 때에는 가장 개연성이 높은 의견에 따라야 한다."라고 데카르트는 서술했다. 참된 준칙에 가까운 것을 고르라는 말이다. 그렇게 선택한 후에는 헤매지 말고 돌진해야 한다.

데카르트는 이러한 규칙에 따라 행동하면서 "약하고 움직이기 쉬운 정신의 소유자, 즉 좋다고 생각되면 주관 없이 저질러버리고 뒤늦게 잘못했다는 사람들의 양심을 항상 교란시키는 후회와 양심의 불안 그 모든 것에서 해방되었다."라고 『방법서설』에 서술했다.

우리는 대부분 과거에 대한 후회와 미래에 대한 불안을 품은 채로 살아가고 있다. 데카르트는 그 모든 것에서 해방되었다고 말하고 있다. 이는 '완전한 행복 상태'라고 해도 좋을 것이다.

예를 들어 최고의 길이 아니어도 한번 결정한 이후에는 일관되게 끝까지 한다. 이를 자신의 행동 규칙으로 삼으면 헤맬 일이 줄어들 것이다.

❖ 판단의 기준 2

길을 잃었다면 같은 방향으로 곧바로 나아간다.

✖ 쉼터에 머무른다.
✖ 이쪽저쪽으로 방향을 바꾼다.
◯ 숙려단행한다.

25

기준 3

세계를 바꾸려 하지 말고
자신의 생각을 바꾼다

"나의 세 번째 준칙은 운명보다 오히려 스스로 극복하고자, 세상의 서열보다도 나 자신의 욕망을 바꾸고자 항상 노력하는 것이다. 그리고 일반적으로 완전히 우리들 힘의 범주 안에 있는 것은 우리들 생각밖에 없다고 믿는 습관을 들이는 것이다." - 『방법서설』

나로서는 도저히 할 수 없는 것이 있다

쉽게 말하면 '바꿀 수 있는 것은 자신이 생각뿐이다'라는 의미다. 자녀라도, 배우자라도, 친구라도 자신의 생각대로 바꾸기는 어렵다. '우리들 힘의 범주 안에 있는 것'은 우리가 컨트롤할 수 있는 것을 말한다. 데카르트의 '세 번째 기준'에서는 만물을 자신이 컨트롤할 수 있는 것과 컨트롤할 수 없는 것으로 나누는 게 핵심이다.

영어로 말하면 컨트롤 가능한 것은 'under control(줄여서 UC)'이고 컨트롤 불가능한 것은 'out of control(줄여서 OC)'이다. UC와 OC에는 큰 차이가 있음을 이 규칙으로 알 수 있다. 세상에는 자신의 의지나 힘이 통하지 않는 'out of control'이 많다. OC를 무리하게 UC로 끌어오려고 하지 않는 게 중요하다.

받아들여서 다음을 생각한다

『방법서설』에는 "타고난 좋은 점이 없어도 자신의 실수로 잃어버리지 않으면 그것을 유감이라고 생각하지 않는다."라고 적혀 있다.

데카르트는 여기에서 '필연을 덕으로 한다'고 설명하고 있다. 어떤 나라가 자신의 소유물이 아닌 것을 아쉬워하지 않는 것처럼, 다이아몬드마냥 썩지 않는 몸을 가지고 싶다고 바라지 않는 것처럼, 증세가 있는데 건강해지고 싶다든지 감옥에 들어가 있는데 자유로워지고 싶다고 바라지 말라고 데카르트는 설명하고 있다.

병이 나아서 건강해지길 바라고, 감옥에서 나가 자유로워지길 바라는 게 당연하지 않느냐고 의아해하는 사람이 많을 것이다. 그런데 데카르트의 말은 이미 일어난 일은 침착하게 받아들이고 그다음에 다음 일을 생각하는 게 좋다는 의미로 이해해야 한다.

고대 그리스 철학자 디오게네스의 '마음의 자유'

"그들은 자연에 의해 자신에게 이미 한계가 정해져 있는지 끊임없이 고찰하고 자신의 힘의 범주 안에 있는 것은 생각밖에 없다는 것을 완전히 납득하고 있다. 그것만으로 다른 일에 대한 온갖 집착을 벗어났다."라는 구절이 『방법서설』에 있다. 여기서 '그들'이란 '철학자들'을 말한다.

데카르트는 철학자들의 행복에 대해 말하고 있다. 철학자의 행복이란 무엇일까? 자신이 컨트롤할 수 있는 자신의 생각이 아닐까? 철학자들은 자신의 생각을 자유롭게 컨트롤했기 때문에 다른 사람보다 풍요롭고 능력이 충만하고 자유로우며 행복하다고 생각한다는 것이다.

고대 그리스 철학자 디오게네스의 일화는 아주 많다. 그중 어느 날 알렉산더 로스 대왕이 디오게네스를 찾아와 소원이 무엇이냐고 묻자 디오게네스는 "거기서 비켜주세요."라고 답했다는 일화가 있다.

마침 그때 디오게네스는 일광욕 중이었던 것이다. 그렇다고 해도 천하의 대왕 알렉산더 로스에게 그렇게 말했다니…. 보통은 똑바로 쳐다보지도 못했을 텐데. 생각은 자신의 컨트롤 아래에 있다는 철학자의 자부심이 느껴지는 일화다.

자신의 컨트롤 밖이라고 해서 우울해할 필요는 없다

자신의 생각은 자신의 것이다. 이는 연애에도 통하는 말이다. 가령 좋아하는 사람이 있어도 상대는 호감이 없을 수도 있다. 그 경우 어느 정도 이야기하거나 밀당을 이어나가면 상대의 마음이 자신에게 기울기도 한다. 그러나 아무리 노력해도 상대의 마음이 변하지 않는 경우도 있다. 그럴 땐 포기할 수밖에 없다.

내가 몇 명의 여성에게 물어봤는데, 교제할지 말지는 초반에 결정하는 사람이 많았다. 이런 사람들의 마음을 돌리는 것은 좀처럼 쉬운 일이 아니니 차여도 일일이 상처받을 필요는 없다. 어차피 상대의 마음은 자신의 컨트롤 범주 밖인 out of control이기 때문이다.

한편 자신이 그 사람을 좋아한다는 생각을 부정할 필요도 없다. 그것은 그것대로 자신의 마음으로 받아들여도 괜찮다. 다만 그저 그 사람과는 연이 없었다고 생각하는 게 좋을 뿐이다. 그것 때문에 자기부정의 회로에 빠질 필요는 전혀 없다.

스스로 잘 판단하면 마음은 충족해진다

세 번째 준칙(세 번째 기준) 구절에는 "가능한 한 잘 판단하면 충분하다."라고 되어 있다. 그럼으로써 "우리가 그것을 확신하는 한 마음의 만족이 덜해지지는 않는다."라고 되어 있다.

이 문장을 자신이 하고 싶은 것으로 바꿔서 생각해보면, '자신의 판단이 전부이고 재능의 유무로 고민하거나 우물쭈물할 필요는 없다'고 정리할 수 있다.

예를 들어 작곡이나 악기 연주를 해보려고 해도 그에 대한 재능의 유무를 문제 삼으면 모처럼의 의욕이 시들어버릴지도 모른다. 극단적인 이야기로, 모차르트나 비틀즈 같은 '음악의 거인'과 비교하면 대부분의 사람은 자신의 재능 없음에 실망할 것이다. 그들을 떠올리게 되면 '나는…', '어차피…' 하고 우울해진다. 그러나 그렇게 생각할 필요가 없다. '하고 싶다', '해보고 싶다'라는 자신의 마음과 자신의 판단만으로 충분하다.

업무에 있어서도 가령 취직할 회사나 이직할 회사를 고를 때 자신이 컨트롤할 수 있는 것은 자신이 컨트롤하고, 스스로 결정하면 좋다. 다른 사람과 비교하는 게 아니라 자신의 마음에 정직하게 묻고 스스로 판단하는 것이다. 그러면 마음의 만족감이 덜해지는 일이 없다는 게 데카르트의 말이다.

❖ 판단의 기준 3

컨트롤할 수 있는 것, 바꿀 수 있는 것에 자신의 에너지를 사용한다

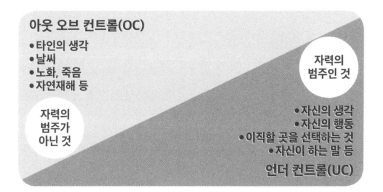

Descartes' Thinking

5장

감정 조절능력을
키우는 사고법

'놀람'을 이용하고 '증오'를 멀리하라

26

놀람이나 기쁨은 사고의 에너지가 된다

"단순하고 기본적인 정념은 놀람, 사랑, 증오, 욕망, 기쁨, 슬픔의 여섯 가지뿐이고 다른 모든 정념은 이 여섯 가지 정념 몇 가지가 복합 혹은 원인이다."
"온갖 정념의 효용은 정신 속 사고를 강화해 지속시키는 데 있다. 그것은 정신이 유지해야 할 사고이자 정념이 아니면 간단히 정신으로부터 지워져버리는 사고다."
- 『정념론』

인간은 여섯 가지 정념을 가지고 있다

데카르트의 대표작으로 『방법서설』을 떠올리는 사람이 많은데 『정념론』도 배워볼 만하다.

'정념'은 이성으로는 씻어낼 수 없는 마음에 엉겨 붙은 상념이다. 이성과 대립되는 '감정'이라고 이해하면 쉬울 것이다. 데카르트는 이 정념에는 놀람, 사랑, 증오, 욕망, 기쁨, 슬픔의 여섯 가지가 있다고 했다. "인간의 감정은 여섯 가지다."라고 정리하고 단언하는 부분에서 데카르트다운 합리적인 모습이 엿보인다.

다만 데카르트 자신이 "정념은 이 여섯 종류의 정념 중 몇 가지가 복합된 것이거나 원인으로 작용한 것이다."라고 적은 것처럼 이들 여섯 가지 정념에서 파생하는 형태로 무기력, 고매함, 겸허 등에 대해서도『정념론』에서 언급하고 있다.

데카르트는 정념(≒감정) 그 자체가 나쁘다고 말하는 게 아니다. 감정에 휩쓸리거나 빠지는 것은 좋지 않다는 의미로 나쁜 감정을 없애고 좋은 감정으로 채우면 인생은 좀 더 즐거워질 거라고 말하고 있다.

누구나 기분 좋게 일하고 싶을 것이다. 그것은 증오, 원한, 슬픔 같은 감정을 가능한 한 줄이고 기쁨, 즐거움을 가능한 한 늘리고 싶은 마음도 있으리라. 그렇게 스트레스 관리 같은 일은 사실 이성적인 사고로 가능하다. 스트레스 관리라는 발상도 데카르트의 시대에는 없었을 테지만 어쨌든 데카르트는 감정을 정리하고 그 감정과 마주하는 법을 상세하게 제시하고 있다.

정념은 사고의 액셀러레이터

데카르트는 사고를 강화해서 지속시키는 것이 정념의 효용이라고 했다. 정념이 있어서 사고가 정착되기 쉽다고도 했다. 정념의 해로움에 대해서도 언급하고 있다. 정념이 사고를 필요 이상으로 강화해 지속시키고, 머물러서는 안 되는 다른 사고를 강화해 지속시킨다는 것이다. 그렇게 되면 정념이 이성적인 사고를 방해하게 된다.

가벼운 트라우마도 이와 비슷한 상태로 볼 수 있다. 하나의 감정이 어떤 곳에 고착화하면 무엇을 생각하든 감정이 그곳으로 향해버린다. 예를 들어 상사에게 혼나거나 연인과 헤어지면 그 감정이 달라붙어버려서 다른 것을 생각하려고 해도 그 감정에서 벗어날 수 없다. 그러면 일하는 데 지장이 있을 것이다. 정념이 해로움이 되는 패턴이다.

물론 정념이 좋은 영향을 끼치는 경우도 있다. 판화가 무나카타 시코는 젊었을 때 고흐의 그림을 보고 큰 감명을 받았다. '나도 고흐가 되겠어'라고 결심했고 그 마음을 항상 품고 살았다. 그 생각은 그의 사고를 강화해 지속시켰다. 무나카타 시코는 아마 고흐의 그림을 만났을 때의 감동을 평생 잊지 않았을 것이다.

정념은 네거티브하든 포지티브하든 증폭하고 과대해져서 사고에 영향을 끼친다. 그러므로 정념은 이른바 사고의 에너지이자 액셀러레이터 같은 것이다. 어찌 됐든 감정, 정념은 이성적인 사고에 긍정적이든 부정적이든 영향을 준다는 것을 우선 인식해둘 필요가 있다.

'읽기', '말하기', '쓰기'는 이성의 힘을 갈고닦는다

데카르트는 『정념론』에 "가장 약한 정신의 소유자도 정신을 훈련시키는데 있어 충분한 요령을 활용하면 온갖 정념에 대해 그야말로 절대적인 기술을 획득할 수 있다."라고 서술했다. 정신력, 이성적인 사고력이 부족한 사람이라도 훈련하고 요령을 익히면 정념을 컨트롤할 수 있다는 것이다.

예를 들어 책을 소리 내어 읽고 중요 문장을 적는 것은 자신의 정념을 컨트롤하는 데 도움이 된다. 이성적인 사고력을 단련하는 일과 관련 있기 때문이다. 불경을 읽는 것도 좋다. 예를 들어 "마하반야바라밀다심경…" 하고 반야심경을 소리 내어 읽으면 정신이 가라앉는 것을 느낄 수 있을 것이다.

호흡도 중요하다. 천천히 길게 숨을 내뱉어 마음을 가라앉힌다. 싫은 일이 있으면 그것을 전부 내뱉는 상상을 하며 숨을 내쉰다. 그것만으로도 정념을 가라앉히는 데 도움이 된다.

책 읽기, 불경 소리 내어 읽기, 문장 쓰기, 호흡 가다듬기 등을 습관화 해보자. 그것만으로도 정신이나 이성을 단련하여 정념을 컨트롤하는 데 도움이 된다.

27

'놀람'은 공부, 일, 인생에 도움이 된다

"유익한 놀람은 지금껏 몰랐던 것을 배울 수 있게 하여 '기억'까지 이르도록 한다."
- 『정념론』

아르키메데스는 놀랐다

데카르트는 '놀람'을 '정신이 받은 불의의 슈격'이라고 표현했다. 불의의 습석이므로 '앗!' 혹은 '엇!' 같은 감각을 동반하는 정념이라 할 수 있다.

데카르트는 『정념론』에서 "놀람은 특히 무엇에 좋을까?"라고 묻는다. '놀람'의 효용을 묻는 것 자체가 신기한 일인데, 데카르트답다. 이에 대해 그는 몰랐던 것을 배우고 기억으로 만드는 것이라고 답했다.

고대 그리스 학자 아르키메데스는 어느 날 욕조에 들어가면 수면이 올라간다는 것을 발견했다. 이때 아르키메데스는 "앗!" 하고 감탄사를 외쳤을지도 모른다. 그리고 그는 상승한 만큼의 물의 무게와 물속에 들어간 자신의 몸만큼의 무게가 같다는 것도 깨달았다. 이 발상에 의하면 어떤 복잡한 형태의 물체라도 무게를 측정할 수 있게 된다.

아르키메데스는 "오!" 하고 놀랐으리라. "유레카! 유레카!" 하고 외치면서 발가벗은 채로 거리를 뛰어다녔다는 이야기가 전해진다. "유레카!"는 "발견했다!", "알았다!"라는 의미다.

아르키메데스는 당연히 이때의 발견을 평생 기억했을 것이다. 그뿐만 아니라 아르키메데스가 살던 시대부터 2200년 이상이나 지난 우리조차 그의 공적을 알고 있으니 놀라울 따름이다.

학자나 연구자로 불리는 사람들은 지금도 이 '놀람'의 감정에 종종 사로잡힌다. 예를 들어 역사가는 희귀한 고문서를 발견했을 때 "오!" 하고 감탄할 것이다.

놀라면서 배우면 즐거워진다

공부할 때도 '놀람'은 도움이 된다. 예를 들어 삼권분립은 국가

권력을 입법, 행정, 사법의 세 가지 권력으로 나누는 것인데, 권력이 한 사람 혹은 몇 사람에게 집중되는 것을 피하기 위한 것이다. 이를 그저 교과서를 읽고 외워도 되지만 그러면 놀람도 감동도 없다. 실제로 삼권분립이라는 것은 인류가 이루어낸 위대한 지식의 결정이다.

"삼권분립이 지금껏 없었다면 큰일이었겠는걸! 독재자가 생길 뻔했어. 삼권분립이라니 대단한 발상이야! 몽테스키, 삼권분립을 생각해내줘서 고마워!" 하고 놀라고 감동하면서 배울 수도 있다.

자격시험이나 새로운 업무를 공부할 때도 '귀찮다', '어쩔 수 없으니까'라고 생각하지 말고 '그렇군. 대차대조표는 이런 식으로 보는구나!', '오, 부동산은 이렇게 평가하는구나!', '흠, 이 말은 영어로 이렇게 말하는군!' 하고 놀라면서 배우면 재미있을 뿐 아니라 기억에도 남을 것이다.

상대의 이야기에 '가볍게 놀라야' 신뢰를 얻는다

일 관계로 고객이나 거래처와 대화할 때 가볍게 놀라는 식으로 응대하면 좋다. 예를 들어 고객이 재치 있는 말을 했는데 "아, 그렇군요. 그래서 오늘 말씀드릴 계약 건에 대해서…" 하고 별다른 반응 없이 용건으로 바로 넘어가면 고객 입장에서는 계약에 대한 관심도 식어버릴지 모른다.

이때 "네? 정말요? 모두 기뻐했겠네요?" 하고 가볍게 놀라워하는 반응을 보이면 고객도 신이 나서 업무 이야기로 돌아왔을 때 긍정적으로 반응할 것이다.

"와, 정말요?" 같이 말해서 그 대화가 조금 화기애애하게 진행되면 그 이야기를 기억하기 쉬워진다. 그러면 다음 기회에 그 사람을 만났을 때 "지난번 좋은 말씀 해주셨죠. 저도 그래서 최근에 시작한 게 있어요." 하고 대화의 실마리로 활용할 수도 있다.

고객은 '어? 내 이야기를 기억하고 있었네? 이 사람은 이야기를 잘 들어주는 사람이군' 하고 신뢰를 품게 될 것이다. 이것이 상대의 이야기에 가볍게 놀랐을 때 얻는 효용이다.

가치 있는 일에는 좀 더 놀라워하기

놀라워하는 게 전부 좋은 건 아니다. 데카르트는 놀람의 해로움도 서술하고 있다. '고려할 가치가 없는 것', '의미 없는 것'에까지 신경 쓰는 것을 비판적으로 보았다. '이성의 사용'에도 악영향을 끼친다고 지적했다.

나도 '응? 저게 저렇게 놀라고 감동할 일인가?' 하고 생각한 적이 적지 않다. 유튜브를 보다가도 '이 영상이 천만 조회 수라고?

어째서?'라는 생각이 든 적 있다. '고려할 가치가 없는 것', '의미가 없는 것'에 모두가 과하게 놀라는 듯하다.

어딘가의 전쟁이 종식됐다든지, 어떤 전염병이 박멸됐다든지, 누군가가 전대미문의 위업을 달성했다든지…, 이런 일에 좀 더 놀라고 감동해야 하지 않을까.

어쨌든 전체적으로 긍정적인 놀람은 매우 좋다고 생각한다. 무엇을 보든 무엇을 듣든 놀람도 감동도 없는 건 인생이 삭막한 것 같다. 아이들이 자주 놀라는 걸 보면 놀람이 적은 사람은 '정신의 노화'가 진행되어 있다고 말할 수 있을지도 모르겠다. 가치 있는 것, 의미 있는 것에 놀람으로 대하는 나날이 계속되면 우리의 인식은 훨씬 선명해질 것이다.

28

증오와 슬픔을 완화하는 방법

"증오는 아무리 작아도 역시 반드시 해롭다. 그리고 슬픔을 동반하지 않는다고 장담할 수 없다."
"증오와 슬픔은 아무리 피해도 지나치지 않다고 말하고 싶다."
- 『정념론』

증오는 언제나 해롭다

여기서는 주로 '증오'와 '슬픔'에 대해 살펴보겠다. 『정념론』을 읽으면 데카르트는 '증오'와 '슬픔'을 완전히 부정하는 것 같다는 느낌을 받는다. 증오에는 반드시 해로움이 있고 슬픔은 반드시 나쁘다고 단정하고 있어서 둘 다 절대로 피해야 할 것이라고 말하고 있다.

증오는 싸움이나 다툼으로 이어지기도 한다. 그러나 증오하는 게 아닌데 싸우는 일도 있다. 그 전형적인 예가 스포츠다. 마라톤, 수영, 축구, 야구…, 어느 스포츠든 서로 경쟁하고 싸운다.

격렬한 부딪침이 있는 럭비조차 선수끼리 미워해서 싸우는 것은 아니다. 시합 종료 휘슬이 울리면 서로의 어깨를 두드려주는 모습은 럭비가 증오와는 관계없는 스포츠라는 걸 보여준다.

일할 때에도 경쟁의 측면이 있다. 증오를 동반하는 경쟁이 좋을 리 없다. 경쟁 기업이 있거나 사내에 라이벌이 있는 사람도 있는데, 가령 경쟁상대를 증오한다면 도대체 그 사람은 무엇을 위해 일하는지, 심지어 그 사람의 직업관과 인간성도 의심을 받게 될 것이다. 혹여 훌륭한 업적을 내도 일을 잘한다고는 말할 수 없다. 증오를 일하는 원동력으로 삼으면 안 됨은 명백하다.

증오는 누구도 행복하게 할 수 없다

신입사원 중에는 상사에게 증오에 가까운 감정을 품는 경우가 있다. '왜 이렇게 괴롭히는 거야?', '이건 날 싫어해서 갈구는 거잖아', '자기가 상대하기 싫은 고객만 내게 맡기고!' 하고 멋대로 생각하며 상사를 미워하는 신입사원이 꽤 있다.

이런 생각이 든다면 상사가 정말 월권을 행사하며 괴롭히는 것인지 판단해보는 게 중요하다. 정말 괴롭히는 거라면 적절히 대처할 필요가 있지만, 자신의 착각이나 피해 의식이 원인이라면 상사의 조언이나 지시를 과제나 도전이라 생각하고 긍정적으로 받아들이는 게 좋다.

라이벌뿐 아니라 누구에게든 증오를 품은 채 일하는 건 피해야 한다. 상사, 동료, 거래처 사람, 고객 등 누구에게든 증오를 품은 채 일하는 건 자신을 포함해 누구도 행복할 수 없다. 데카르트가 말한 것처럼 증오는 아무리 피해도 과하지 않다.

경험을 쌓고 배움으로써 증오를 컨트롤할 수 있다

증오나 슬픔을 피하거나 극복하는 데에는 경험이 아주 중요하다. 일에서 실패를 하거나 이직이 뜻대로 되지 않거나 준비했던 시험에 떨어진 경우, 몇 번의 경험이 쌓이게 되면 넘어졌을 때의 감정을 극복할 수 있게 된다.

나도 그런 경험이 몇 차례 있었다. 그중 하나가 처음으로 잡지에 연재를 잘렸을 때다. 잡지가 발간될 때마다 빠짐없이 연재했었는데 어느 날 담당 편집자와 만나서 미팅을 하는데, "실은 이번에 저희 잡지가 리뉴얼을 하면서 사이토 선생님의 연재를 종료하게 되었습니다. 그동안 감사했습니다."라는 말을 들었다.

'어째서? 지금까지 애써서 빠짐없이 연재했는데…' 하고 충격을 받은 나는 감정이 울렁거린 나머지 연재 중단을 결정한 편집장에게 불쾌감을 품었다.

하지만 곰곰이 생각해보니 끝이 오는 건 어쩔 수 없는 일이었다. 잡지의 리뉴얼이라는 중단 이유도 나중에 생각해보니 충분히 이해가 갔다.

잡지 연재 중단은 이후에도 몇 차례나 경험했다. 그러나 두 번째부터는 "그래요? 유감이지만 어쩔 수 없죠. 그동안 감사했습니다." 하고 연재 중단 이야기를 담담하게 받아들이게 됐다.

TV프로그램 패널 출연도 마찬가지다. "저희 프로그램은 다음 주가 마지막 방송입니다.", "사이토 씨의 출연은 이번이 마지막입니다." 같은 말을 들어도 "아, 그런가요?" 하고 담담하게 대응할 수 있게 됐다.

이런 변화는 감정이 마비되었기 때문이 아니다. 처음 반응이 너무 순진했던 거다. 의뢰받은 이래로 지속해온 일이라도 끝낼 때는 온다. 이런 당연한 사실을 경험을 통해 배웠다. 그 이후 연재가 중단되거나 지속해온 일을 끝내게 되더라도 슬퍼하거나 아쉬워하는 감정을 일절 품지 않게 되었다. 경험을 쌓음에 따라 '오는 자는 막지 않고 가는 자는 붙잡지 않는다'는 일종의 감정의 규칙을 내 나름대로 세우게 됐다.

어떤 직장이든 다양한 변화가 일어날 것이다. 예를 들어 상사가 바뀐다든지, 모기업이 바뀐다든지, 사내 규칙이 바뀐다든지….

그 변화를 받아들이지 않고 증오나 원한에 가까운 감정이 끓어오르기도 한다.

그런 변화가 부당하고 비합리적인 경우에는 목소리를 높여도 좋지만 그렇지 않다면 다른 사람을 향한 악감정은 억제하고 냉정하게 감정을 컨트롤해나가야 한다. 이때 경험으로 배워나가는 게 중요하다.

슬픔도 피하거나 누그러뜨릴 수 있다

슬픔을 피하는 것도 중요하다. 큰 슬픔 중 하나로 부모님의 죽음이 있다. 이 슬픔도 누그러뜨릴 수 있다. 나는 부모님이 모두 돌아가셨지만, 두 분이 돌아가셨을 때 의욕을 잃을 정도로 슬픔에 잠식되는 일은 없었다. 나는 부모님과의 사이가 아주 좋았다. 사이좋았던 부모님을 잃고 상당히 슬펐느냐 하면 조금 달랐다. 부모님 생전에 자주 연락하고 만났다는 생각이 강했기 때문이다.

예를 들어 아버지는 내가 고등학생 때까지 장기를 가르쳐주셨고 성인이 되고 나서부터도 한때 새벽 2~3시까지 술을 마시며 이야기를 나누었다. 그런 경험과 기억이 있어서인지 아버지도 어머니도 돌아가셨지만 지금도 내 안에 살아있다는 생각이 든다.

또 하나 말하면 제행무상(諸行無常)은 현실 세계의 이치이기에 모든 살아있는 것은 언젠가 죽음을 맞는 게 엄연한 사실이다. 이를 감각적으로 기억할 필요가 있을지도 모른다.

다만 순서대로 죽음을 맞는다면 받아들일 수 있어도 역순은 아무래도 마음 아프다고 생각한다. 할머니는 자신의 아들을 먼저 보냈는데 "이런 마음이 들 줄 알았으면 오래 살지 않았을 거야." 라고 하셨다. 이런 깊은 슬픔은 피할 수가 없을 테지만, 시간이 지나면 치유된다고 생각한다.

에고 서핑을 하지 않는다

인터넷에서 자신의 평판을 보고 증오, 분노, 슬픔 등의 감정을 품는 일이 있다. 검색 사이트나 SNS 등 인터넷에 자신에 대해 조사하는 '에고 서핑'을 했을 때 사람에 따라서는 자신에 대한 기록이 많이 있을 수 있다. 그 기록에는 호의적인 내용이 있는가 하면 정신이 무너질 정도의 내용, 의욕을 사라지게 하는 내용, 그건 오해라고 변명하고 싶어지는 내용 등이 적혀 있기도 하다.

개인차는 있겠지만 사람의 마음은 꽤 섬세해서 가령 100에 99가 좋은 내용이 적혀져 있어도 남은 1이 맹렬한 비판이라면 비판 쪽에 계속 마음이 쓰여 일에도 악영향을 끼친다.

그런 상황이 충분히 그려지기 때문에 나는 에고 서핑을 하지 않는다. 무언가를 검색했다가 설령 내 이름이 나와도 그곳은 절대 클릭하지 않고 곧바로 창을 전환한다. 데카르트식으로 말하면 이는 내 나름의 증오나 슬픔을 피하는 방법 중 하나다.

심리학자 매슬로는 자기실현을 이룬 사람의 특징 중 하나로, 한정된 사람들과 깊은 우애를 쌓는 것을 꼽는다. 의외라고 생각하는 사람이 있을지도 모른다. 매슬로의 연구에 의하면 자기실현을 한 사람들의 교우관계는 상당히 좁았다. 그러나 그 관계는 하나같이 깊었다.

인터넷상에 어느 누군가의 모르는 사람이 적은 자신의 악평을 보고 증오, 분노, 슬픔 등을 품느니 그들과 거리를 둔다. '이따위 것은 안 본다' 하고 읽지 않는 방법도 있다.

29

도전을 계속할수록 활력이 생긴다

"무기력은 신체가 약하고 움직이지 못하는 상태다."
"사랑은 정신이 오로지 애정의 대상을 주시하는 것으로 그 대상의 시각상을 정신에 표상하는데 뇌의 모든 정기를 사용하고, 여기에 도움이 되지 않는 샘(생물체 내에서 분비 작용을 하는 기관)의 운동을 모두 정지해버린다."
-『정념론』

손이 닿지 않는 것을 좇으면 무기력해진다

데카르트는 무기력과 사랑을 깊은 관련이 있다고 생각한 듯이다. 사랑은 욕망과 결부되어 있기 때문에 손에 넣을 수 없는 것에 욕망을 품으면 무기력해진다는 게 그의 생각이었다. "무기력은 다른 모든 정념에서보다도 사랑에서 훨씬 많이 보인다."라고 『정념론』에 기술되어 있다.

데카르트의 이 주장은 실연을 떠올리면 쉽게 이해가 된다. 어떤 사람을 절절히 사랑했지만 그 마음이 이루어지지 못했다고 하자. 그러면 일이든 공부든 의욕이 사라지고 심지어 살맛도 안 나고 무기력해져버린다. 이 상황은 그야말로 사랑이 무기력으로 이어져버리는 경우다.

'적당한 목표'를 가지면 기운이 넘친다

무기력이 되지 않는 방법의 실마리를 다시 '욕망'에서 찾아볼 수 있다. 적당한 욕망을 가지면 무기력을 피하는 데 효과적이다.

적당한 욕망을 '적당한 목표'로 바꾸면 좀 더 와닿을 것이다. 큰 목표나 위대한 계획을 세우고 처음부터 먼 곳만 봐서는 좌절감만 맛볼 수밖에 없고 결국은 뜻을 달성하지 못하기 십상이다. 최종적으로 달성하고 싶은 큰 목표가 있는 경우에도, 현실을 보고 한 발 앞의 목표를 하나씩 해결해나가는 것이 중요하다.

현실을 보고 나서 목표를 설정하고 그것을 하나씩 해결해나가면 자기실현의 감각을 체득하게 된다. 앞에서 언급한 매슬로는 자기실현을 하는 사람은 현실감각이 있는 사람들이라고 했다. 확실히 그 말대로다.

기술과 도전의 균형이 중요하다

    심리학자 미하이 칙센트미하이(Mihaly Csikszentmihalyi)는 기술과 도전이 균형을 이룰 때 몰입(flow) 상태가 된다고 했다. 여기서 말하는 몰입은 흐름 속에 자신이 있는 듯한 쾌적한 기분이다. 일이 원활하게 풀릴 때에는 마치 순풍에 돛 단 듯 흘러가는 것 같다. 이것이 바로 몰입 상태다.

    자신이 쉽게 할 수 있는 일을 하고 있으면 몰입 상태가 될 거라고 생각할 테지만, 간단한 일만 해서는 점점 불쾌한 기분이 된다. 예를 들어 "오늘은 온종일 복사를 해주게. 내일도 모레도 복사를 부탁해."라는 말을 들으면 '그 일을 하고 월급을 받는다니, 꿀이네!' 하고 생각하는 사람이 있을지도 모르지만 그런 사람이라도 점점 지루해져서 의욕이 시들해져버릴 것이다. 간단해서 좋지 않느냐고 하면 꼭 그렇지도 않고 일이 너무 간단해서 싫어지고 기분이 다운되는 일도 있다. 칙센트미하이에 의하면 이와 같은 경우는 기술과 도전의 균형이 맞지 않은 상황이다. 도전이 너무 부족한 상태다.

    그렇다면 몰입 상태는 자신이 가지고 있는 기술에 대해 도전이 균형을 이룰 때 일어난다는 걸 알 수 있다. 예를 들어 배팅센터에서 시속 100킬로미터의 볼을 치는 사람은 90킬로미터의 볼을 쳐도 그다지 기쁘지 않다. 105킬로미터이든, 110킬로미터이든 자신이 여유 있게 치는 볼보다 조금 빠른 볼에 덤비는 게 즐겁다. 그것도 칠 수 있게 되면 더욱 속도를 높여 115킬로미터, 120킬로미터…, 점점 도전해나간다. 그렇게 정복해나갈 때 의욕이 생긴다.

일에서도 자신이 지금 가지고 있는 역량보다 조금 어려운 일에 도전하고 실패하더라도 경험을 쌓아나가면 기운은 충만하고 의욕이 지속된다.

30

인간은 '자신의 자유의지'로써 강해진다

"인간이 정당하게 할 수 있는 한 극점까지 자신을 중시하도록 하는 진짜 고매함은 다음의 두 가지로 성립한다. 하나는 앞에서 서술한 자유로운 의지결정 외에는 진실로 자기에게 속해 있는 것은 아무것도 없고 이 자유의지의 선용·악용 외에는 정당한 칭찬 혹은 비난의 이유는 아무것도 없음을 인식하는 것이다. 또 하나는 스스로 최선이라고 판단하는 모든 것을 계획 실행하기 위해 자유의지를 잘 사용하는 것, 즉 의지를 결코 버리지 않는 확고불변의 결의를 마음에 품는 것이다. 이는 완전히 덕을 따르는 것이다." - 『정념론』

아쿠타가와 류노스케의 『코』와 데카르트 사고

위 문장에서 '고매함'의 의미는 '자존감'이라고 보아도 좋다. 바꿔 읽어보면 '자존감은 모두 자신의 자유의지에 달려 있다'가 된다.

예를 들어 자신의 외모를 타인이 헐뜯었다고 하자. 눈이 어떻다느니 스타일이 어떻다느니…. 그런 말이 신경 쓰일 때가 있지만, 데카르트에 의하면 그런 말은 전혀 신경 쓸 필요가 없다. 왜냐

5장 감정 조절능력을 키우는 사고법

하면 '자유로운 의지 결정 외에는 실로 자기에게 속해 있는 것은 아무것도 없기' 때문이다.

아쿠타가와 류노스케의 작품 중에 『코』라는 단편소설이 있다. 다음은 그 줄거리다.

젠지 나이구라는 스님은 자신의 코가 턱 아래까지 늘어날 정도로 상당히 길어서 자존감이 낮았다. 어느 날 제자가 의사로부터 코를 짧게 할 방법을 배워왔고 젠지는 그 방법을 시험해보기로 했다. 뜨거운 물로 코를 찜질한 다음에 그 코를 제자가 밟자 코가 짧아졌고 젠지는 마음이 개운해졌다. 그런데 사람들은 젠지의 얼굴을 보고 노골적으로 비웃었다. 이전에는 그런 일이 없었다. 그는 코가 짧아진 것을 후회하게 됐다. 젠지는 어느 날 밤, 코가 가려워서 밤을 설치게 됐다. 다음 날 일찍 눈을 뜨고 보니 예전의 긴 코로 돌아와 있었다. '이제 누구도 날 비웃지 않겠지' 하고 젠지는 다시 마음이 개운해졌다.

『코』의 결말은 해피엔딩 같은데, 데카르트라면 "그딴 건 처음부터 신경 쓰지 않음 되잖아." 하고 젠지에게 말해주었으리라. "코가 길다고? 그래서 뭐? 당신의 자유의지와 전혀 관계없어."라고 말이다.

외모는 자신의 자유의지와 전혀 관계없다

생각해보면 외모는 자신의 자유의지와는 관계없다. 타고난 것이기 때문에 애초에 자신이 어떻게 할 수 있는 게 아니다. 내가 '나'인 까닭은 나의 자유의지뿐이라고 생각하면 가령 누군가가 자신의 얼굴을 마음에 들어 하지 않아도 '그건 나의 자유의지에 속해 있지 않으니까 어쩔 수 없어' 하고 생각할 수 있다.

미남, 미녀 등의 말로 대표되는 것처럼 사회에는 외모를 강조하는 경향이 있다. 그러나 중요한 것은 '자유의지의 선용 및 악용 외에는 정당한 칭찬 혹은 비난의 이유는 아무것도 없다'라고 여기는 것이다. 그러면 외모를 신경 쓸 이유가 전혀 없어진다.

자존감을 가질 것

자신을 좋아하고 자신은 가치가 있는 사람이라고 생각하는 '자존감'은 소중한 감정이다. 동양인은 자존감이 낮다고 알려져 있다. 외모, 학벌, 소속, 직함, 지위, 수입 등이 자존감에 영향을 끼치는 요소다. 그러나 '나는 나의 자유로운 의지가 있다'라고 마음 깊이 생각하면 그런 요소들로 자존감이 낮아지는 일은 없을 것이다. '지금 나는 자신의 의지로 생각하고 선택하며 살고 있다. 그것이나 자신이며 다른 것은 관계없다'라고 여기기 때문이다.

'내 의지는 언제나 나의 것'이라는 마음을 항상 품으면 강한 사람이 될 것이다. 그리고 비굴해지지 않으며 고매한 마음을 품게 되리라.

31

자존감이 있는 사람은 타인과의 관계도 원만하다

"자기 자신을 이렇게 인식하고 감지하는 사람들은 다른 사람도 자신을 이와 같이 인식하고 감지할 수 있다고 쉽게 확신한다. 왜냐하면 그들은 다른 사람에게 의존하는 게 아무것도 없기 때문이다. 게다가 그들은 누군가를 결코 경시하지 않는다. 가령 다른 사람들이 종종 약점을 노출해버리고 과오를 범해도 비난하기보다 용서한다. 그들이 과오를 범하는 것은 선한 의지가 결여되었다기보다 인식이 결여되었기 때문이라고 생각한다." - 『정념론』

계약이나 채용은 상대방의 의지와 관련 있다

어떤 사람이 무언가 과오를 범했다고 하자. 이 경우 고매한 사람은 과오를 범한 사람이 나쁜 일을 하려 했던 게 아니라 인식이 결여되었다고 생각한다는 게 데카르트의 주장이다. '선한 의지'가 매우 중요하며 그것이야말로 자기 자신을 존중하는 이유이며, 다른 사람들에게도 '선한 의지'가 있다고 말한다.

데카르트는 "고매한 사람은 타인을 경시하지 않는다."라고도 했다. 이는 자신을 존중해주기를 바란다면 다른 사람을 존중해야 한다는 사고방식이다.

다른 사람에게도 자유로운 의지 결정력이 있음을 인식하고 존중한다는 것이다. 이 사고방식에 의하면 다른 사람의 결정이 자신의 마음에 들지 않아도 그것이 그 사람의 자유로운 의지 결정에 의한 것이라면 존중할 수밖에 없다. 가령 자신에 대한 평가가 낮다고 해도 그렇게 평가받았다고 납득할 수밖에 없다.

나는 무지한 시절, 여러 대학의 채용공고에 응했는데 송부한 이력서나 논문이 곧바로 반송되는 경우가 자주 있었다. 개봉한 흔적조차 없는 경우도 있었는데 그러면 다시 발송했다. 그런 일을 반복했다.

계속 떨어지는 게 유감스러웠지만 그렇다고 해서 증오 같은 감정을 토하지는 않았다. 그것은 상대의 자유로운 의지결정 사항이라고 생각했기 때문이다.

업무상의 계약, 취직이나 이직, 연애나 결혼 등은 자신 이외의 사람이 관계하고 있다. 자신의 의지만으로 어떻게 할 수 없는 부분이 있다. 자신의 의지는 자신의 것이고 자유롭게 결정해야 한다. 그 자유의지는 다른 사람도 마찬가지로 가지고 있다고 생각해야 한다.

자유의지를 항상 선하게 사용하겠다고 마음먹고 다른 사람을

존중하며 공존해나가는 자세가 중요하다는 게 데카르트의 가르
침이다.

32

비겁한 사람은 오만하다

"가장 고매한 사람들은 통상 가장 겸허한 사람들이다."
"비굴 즉 나쁜 겸허는 고매함의 정반대다."
- 『정념론』

인간은 모두 자유의지를 가진 존재다

"자유의지를 가진 것이야말로 인간인 증거다." 이것이 데카르트 사고의 원리라고 할 수 있다. 이 원리를 바탕으로 그 자유의지는 다른 사람도 가지고 있다고 생각해야 한다. 다른 사람의 자유의지를 무시하고 자신의 자유의지만을 관철하는 것은 오만한 태도이니 지양해야 할 바다.

인간은 모두 저마다 자유의지를 가진 존재임을 확실히 인식하면 다른 사람에 대해 겸허해질 수 있다. 데카르트는 이를 '고상한

182　　　데카르트가 21세기의 회사원이었다면?

겸허'라고 여겼다.

누구에게든 비굴하지도 오만하지도 않는 게 중요하다

『정념론』에 "가장 고매한 사람들이 가장 조심스럽고 겸허한 것과 마찬가지로 가장 비굴한 사람들이 가장 거만하고 오만함이 있는 경우가 자주 있다."라고 서술되어 있다.

데카르트의 지적에 해당하는 사람이 많을 것이다. 예를 들어 노벨상 수상자는 겸허한 사람이 많은 듯하다. 반대로 "제가 어떻게 감히…"라고 자주 말하는 사람은 의외로 거만하고 오만함이 있는 경우가 많은 듯하다. 데카르트는 『정념론』에서 다음과 같이 지적하고 있다.

어떠한 이익을 기대할 수 있는 상대나 자신에게 손해를 줄 우려가 있는 상대에 대해서는 부끄러움도 없이 비굴해지고, 무엇도 기대할 수 없고 두려워할 것도 없는 상대에 대해서는 거만하고 오만해진다.

이해관계가 있는 상대에게는 비굴해지고 아무런 이해관계도 없는 상대에게는 오만해진다는 지적이다. 이는 강자에게는 약하고 약자에게는 강한 유형이라고도 할 수 있다. 이 지적에도 공감하는 사람이 많을 것이다.

후쿠자와 유키치도 저서 『학문의 권장』에서 "비굴한 기풍과 풍습을 그만둬라."라고 몇 번이나 기술했다. 가령 상대가 무사라면 '으악' 하고 납작 엎드리는 태도로 비굴해진다. 이런 태도는 앞으로의 시대에는 지양해야 하며 누구에게도 비굴해질 필요가 없다고 후쿠자와 유키치는 말하고 있다.

직장 구성원 중에도 상사에게는 비굴한 태도를 취하고 부하, 계약직, 외주자 등에게는 오만한 태도를 취하는 사람이 있다. 혹은 단골 거래처의 사정이 힘들어 비즈니스상의 이점이 줄어들면 오만한 태도를 취하는 사람도 있다. 그런 태도는 데카르트나 후쿠자와 유키치의 지적을 떠올릴 것도 없이 꼴불견이다.

겸허한 마음을 의식적으로 갖추지 않으면 무심코 그런 태도를 취할 수도 있다. 그런 의미에서 자신도 타인도 모두 자유의지를 가진 존재이며 존중해야 할 존재라는 데카르트의 가르침을 가슴에 새겨야 할 것이다.

33

각오를 정하고 판단하는 습관

"눈앞의 모든 것에 대해 확실하고 결연한 판단을 내리는 습관을 들이고 나아가 최선이라고 판단하는 것을 행하면 아무리 그 판단이 크게 잘못될 가능성이 있어도 어쨌든 자신의 의무를 이루었다고 생각하는 습관을 들여야 한다." - 『정념론』

과한 의욕이 부르는 폐해

데카르트는 『정념론』에서 "결단이 부족한 것도 일종의 불안이다."라고 했다. 그리고 "결단하지 못하는 사람은 매우 불안해진다. 그 불안은 의욕이 과해서, 지성이 약하고 명석함이 결여되어 막연한 관념밖에 없어서 생기는 것이다."라고도 했다.

사고의 명석함이 없는 것은 물론 좋지 않지만, 데카르트는 과한 의욕도 경계했다.

그는 "눈앞에 있는 모든 사물에 확실하고 결연한 판단을 하는 습관을 들여라. 최선이라고 판단한 것이 있으면 가령 그 판단이 크게 잘못될 가능성이 있어도 자신의 의무는 이룬 것이나 다름 없으니 어쨌든 그렇게 생각하는 습관을 들여라."라고 서술하고 있다.

각오를 정해 결단하는 습관을 들이는 게 중요하다. 그렇게 하면 아무리 그 결단이 잘못되었다 해도 의무를 다한 것이므로 납득할 수 있다. 그런 결단을 반복하고 자신의 결단에 납득하는 습관을 들이라는 게 데카르트의 주장이다.

판단을 잘못했다면 조속히 판단을 수정한다

데카르트는 『정념론』에서 '잘못된 의견에서 발생하는 결의'에 따르면 '미련'이나 '후회'에 사로잡힌다고 지적했다. 또 『방법서설』에서도 충분히 생각한 뒤에 과감하게 실행하라(숙려단행)고 권하고 있다.

충분히 생각하고 단행해도 그 판단이 잘못되는 일이 있다. 그럴 경우에 후회할 수도 있으나, 후회보다는 후속 조치를 취하는 게 좋다. 가능한 한 조속히 수정을 결단하고 새로운 판단에 근거한 행동을 해야 한다.

중요한 사항을 판단할 때에는 충분히 생각해야 한다. 이때 과한 의욕을 경계하고 '판단→실행→잘못되었다는 판명→수정 판단→재실행'의 사이클도 활용 가능함을 알아두면 판단하지 못하는 사태는 피할 수 있다.

34

슬픔과 후회를 줄이고 기쁨을 늘리는 방법

"정념에 가장 영향을 받는 사람은 인생에 있어 가장 좋은 상쾌함을 맛볼 수 있다. (중략) 지혜의 주요한 유용성은 다음과 같다. 즉 스스로 정념의 주인이 되어 정념을 정교히 조종하는 것을 알려주어 정념이 일으키는 악을 충분히 견뎌낼 수 있고 나아가 그모든 것으로부터 기쁨을 이끌어낼 수 있다." - 『정념론』

지혜를 사용해 정념을 조종한다

데카르트는 정념(감정) 그 자체가 나쁘다고 말하고 있지 않다. 정념을 능숙히 사용하면 인생의 즐거움을 맛볼 수 있다는 게 데카르트의 생각이다.

데카르트라고 하면 '이성'이나 '합리'만을 떠올리는 사람이 많을 텐데, 그는 결코 '감정'을 경시하지 않았다. 오히려 감정과 능숙하게 사귀라고 설명하고, 그러려면 '지혜'가 중요하다고 강조한다.

데카르트가 21세기의 회사원이었다면?

지혜가 있으면 정념을 정교히 조종할 수 있고 정념이 일으키는 증오나 슬픔 등의 악을 줄이고 기쁨을 이끌어낸다고 생각했다. 그것이 지혜가 가진 주요한 유용성이라는 게 그의 주장이다.

지혜를 사용하면서 싫은 것을 줄이고 좋은 것을 늘려나가는 라이프스타일을 지향해야 한다. 그것은 당연히 비즈니스 현장에서도 마찬가지다.

'좋은 팀이네'라는 생각이 들 팀이 되도록

비즈니스 현장에서는 팀을 이루어 일하는 경우가 많다. '좋은 팀이네'라는 생각이 드는 팀에 소속되어 일하면 슬픔, 증오, 원한은 줄어들고 기쁨은 배가된다.

이는 내 경험으로 말할 수 있다. 나는 NHK ETV의 유아방송 〈일본어로 놀자〉에서 2003년 방송이 시작된 이래로 지금껏 총괄지도를 하고 있다. 프로듀서나 디자이너 등이 주요 멤버도 계속 바뀌지 않았고 그들과는 서로 눈빛만 봐도 마음을 읽는 사이다.

멤버들과 함께 있으면 작은 트러블은 일어나도 인간관계로 인한 트러블은 일어나지 않는다. 오래 함께해온 팀이므로 트러블 대처법도 알고 있고 화기애애한 분위기의 회의 속에서 아이디어를 기탄없이 주고받아서 스트레스가 쌓이는 일도 일절 없다.

귀찮은 일이 생겼을 때는 한 팀으로서 어떻게 극복해낼지 그야말로 스포츠팀이 적수에게 이기기 위해 작전 회의에 돌입한 것 같은 분위기가 된다. 그건 그것대로 큰일이지만 일하는 재미를 맛볼 수 있기도 하다. "그 기업의 상황이 안 좋아져서 이런 아이디어가 떠올랐어요. 이쪽이 오히려 낫죠?" 하고 더 좋은 아이디어가 나오는 일도 종종 일어난다.

회의 후에 식사나 술 한잔을 하러 가는 일도 잦다. 그곳에서 또 논의가 점화되는 일도 있다. 그런 일이 반복되다 보니 '무슨 일이 있어도 이 팀이라면 괜찮다'라는 마음이 된다.

팀으로 일하면 기쁨은 배가된다

팀이 가져오는 만족감에 대해 데카르트는 직접적으로 언급하지는 않았다. 하지만 나는 마음 맞는 팀을 만나는 것이야말로 기쁨 중에서도 특히 큰 기쁨이라고 생각한다. 함께 싸우는 팀이라는 생각이 들면 가령 결과가 좋지 않아도 "결과는 유감이지만 그만 잊읍시다. 다음에 또 새로운 일을 합시다."라는 분위기가 된다. 그러면 가라앉은 분위기는 반감되고 다음 일을 향한 희망이나 의욕이 꿈틀댄다. 그리고 결과가 좋은 경우에는 "잘됐다. 대성공이다. 다음에도 잘하자!" 하고 기쁨이 배가된다.

팀으로 일하면 슬픔, 후회를 반감시키고 기쁨을 배가시킬 수 있다. 그러니 다음과 같은 방침을 세워보면 어떨까.

"모두 즐기면서 합시다."

"누군가가 실수했을 때에는 질책하지 말고 원인을 찾고 개선합시다."

"성과는 모두 함께 나눕시다."

이처럼 팀으로 일할 때의 방침을 세우고 일하면 '정념이 일으키는 악'은 줄어들고 기쁨이라는 정념을 늘릴 수 있으리라.

Descartes' Thinking